Mehr als Sternenstaub

Impressum

Mehr als Sternenstaub
Impulse zum Umgang mit naturwissenschaftlichen Erkenntnissen

Herausgeberin
Takano-Fachstelle EMK – Fachstelle für die Arbeit mit Kindern,
Jugendlichen, jungen Erwachsenen und Familien der
Evangelisch-methodistische Kirche in der Schweiz
Badenerstrasse 69, 8026 Zürich
takano@emk-schweiz.ch | www.emk-takano.ch

Mitarbeit an dieser Broschüre
Ökumenischer Arbeitskreis Glaube und Wissenschaft (Schweiz):
Dr. Arnold Benz, Stefan Weller, Claus D. Eck, Dr. Rudolf Schmid;
P. Richard Brüchsel SJ; Dr. Hansjürg Geiger.
Fachpersonen der Takano-Fachstelle EMK Schweiz:
Beat Bachmann, Micha Kunkler, Barbara Morf

Herstellung und Verlag: BoD-Books on Demand, Norderstedt
ISBN 9 783735 782243

Mehr als Sternenstaub

Wissenschaft und Glaube – Dilemma oder Ergänzung?

Wissenschaftler haben herausgefunden: Die Elemente, aus denen wir Menschen gebaut sind – unter ihnen Kohlenstoff als wichtigstes – sind vor Jahrmilliarden in heute erloschenen Sternen entstanden. In der Tat: Wir sind Sternenstaub.

Und doch sind wir auch viel mehr: kunstvoll geformte Wesen, die Sterne beobachten, lieben, beten, lachen oder spielen können – und die sich Gedanken darüber machen, was dieses „Mehr" bedeutet, das uns vom Sternenstaub abhebt.

Diese Broschüre möchte zeigen, wie ein guter Umgang mit naturwissenschaftlichen Erkenntnissen hilfreich sein kann in der kirchlichen Arbeit mit Kindern und Jugendlichen – und für Familien, die den christlichen Glauben leben und mit diesen Fragen konfrontiert werden.

Das Thema wird von unterschiedlichen Personen aus verschiedenen Blickwinkeln beleuchtet und erklärt. Ergänzt wird die Broschüre mit praktisch erprobten Tipps für den Alltag, in dem wir stehen: als Jugendmitarbeiterin oder Jugendmitarbeiter, Eltern, Grosseltern, Lehrperson...

Ziel ist die Entwicklung hin zu einem mündigen Glauben, bei dem wissenschaftliche Erkenntnisse weder als Bedrohung noch als „Erklärung für alles" angesehen werden, vielmehr als Bereicherung und Anlass zum Lob Gottes in Worten und Empfindungen einer neuen Generation.

Stefan Weller und Beat Bachmann

Juni 2015

« Gott bildete den Menschen aus Staub »
Gen 2,7

Inhalt der Web-Ablage

Webablage, Stand Juni 2015:

- ‚Ausflug ins Weltall', Seite 44: Web-Links zu den Bildern

- ‚Literaturtipps', Seite 56 ff und die Web-Links zu den Literaturtipps

- ‚Übernachtung im Freien', Seite 45: Text Hiob in geeigneter Sprache, interpretiert von A. Benz

- ‚Ein Weihnachtsspiel', S. 52: ganzer Text/Dialog; Web-Link zum Bild des Kometen McNaught

- „Sieben Sätze über Glauben und Wissenschaft - und Erläuterungen/ Erklärungen zu den sieben Thesen", Seite 51

- Aphorismen zu Naturwissenschaft und Glaube

- Der ökumenische Arbeitskreis Glaube und Wissenschaft - ein Positionspapier

- Aus den Sozialen Grundsätzen der EMK - Absatz F

Infos zur Web-Ablage auf Seite 43

Zum Bild auf der Umschlagseite: „Flammarions Holzschnitt". Das Bild soll vermutlich darstellen, wie eine Person das mittelalterliche Weltbild durchbricht. (Aus Camille Flammarion: L'Atmosphère - Météorologie Populaire. Paris 1888. Original S/W, Kolorit: Heikenwaelder Hugo, Wien 1998 - www.heikenwaelder.at)

ERZEICHNIS

Inhalt dieser Broschüre

Wissenschaft verändert Weltbilder .... 8 – 13

Zweierlei Wahrnehmungen .... 14 – 17

Schöpfungsglaube und Wissenschaft .... 18 – 19

Anregungen zum Lesen von Genesis 1 – 2 .... 20 – 25

Weltschau von Teilhard de Chardin .... 26 – 29

Die Bibel heute verstehen .... 30 – 31

Das Quadrilateral als Weg des Verstehens .... 32 – 34

Metaphern entwickeln .... 35 – 39

Gymnasialer Unterricht – ein Minenfeld? .... 40 – 42

Tipps für die Praxis – Ideen für die Auseinandersetzung mit dem Thema .... 43 – 53

Aus den sozialen Grundsätzen der EMK .... 54 – 55

Literatur-Empfehlungen .... 56 – 57

Schöpfung - ein Gedicht von Kurt Marti 58

Die Naturwissenschaften haben unser Bild von der Welt und von uns selbst verändert. Der Blick ins Weltall eröffnet bisher unvorstellbare Räume. Die Erkundung der Erde lässt eine Entwicklung in Zeitspannen von Jahrmilliarden erkennen.

Anders als die Menschen früherer Zeiten empfinden wir uns weder als Mittelpunkt der Welt noch als von der Tierwelt losgelöste Wesen. Wir sind Randbewohner der Milchstrasse und teilen 99% unserer Gene mit den nächsten tierischen Verwandten. Wir waren nicht plötzlich da, sondern sind in einem langen Evolutionsprozess aus dem Tierreich hervorgegangen. Diese Einsichten gehören heute zum allgemeinen Schulwissen.

Widersprüche?

Verbreitet ist auch die Meinung, solche naturwissenschaftlich begründeten Aussagen würden dem Glauben an Gott und den Aussagen der Bibel widersprechen. Wird dort nicht von einem direkten Schöpfungsakt Gottes, ja der Erschaffung der Erde in sieben Tagen gesprochen? Ist das nicht unvereinbar mit einer langen natürlichen Entwicklung, in der ein Eingriff von aussen gar nicht notwendig ist? Religiöse und naturwissenschaftliche Weltbetrachtung scheinen sich gegenseitig auszuschliessen.

Dies mag nicht der einzige Grund sein, warum sich heute viele, gerade junge Menschen, vom Glauben abwenden, aber doch ein wesentlicher. Nicht selten wird als Grund für solch eine Abwendung geäussert: „Ich habe eher eine wissenschaftliche Weltsicht." Und wer möchte schon als unwissenschaftlich angesehen werden?

Versuche der Harmonisierung

Gläubige Menschen gehen mit diesem Problem unterschiedlich um. Ein verbreiteter Lösungsversuch geht davon aus, dass sich die widersprüchlichen Aussagen der heiligen Schriften und der Naturwissenschaften über die Entstehung der Welt irgendwie in Übereinstimmung bringen lassen. Die unterschiedlichen Harmonisierungsversuche lassen sich in dem Begriff Kreationismus[1] zusammenfassen.

Extreme Kreationisten lehnen alle wissenschaftlichen Erkenntnisse ab, welche dem Text der Bibel bzw. ihrer Interpretation davon widersprechen. Die Vernunft muss sich der religiösen Autorität beugen – es bleibt dabei, dass die Welt in sieben Tagen erschaffen wurde und die Stammbäume der Bibel nur ein Alter der Erde von weniger als zehntausend Jahren zulassen.

Die Evolutionstheorie wird aus prinzipiellen Gründen abgelehnt.

Diese kreationistische Position trägt Züge einer Ideologie, in der alles Wissen, das nicht dem eigenen System der Überzeugungen entspricht, ignoriert oder abgelehnt wird. Das kann insbesondere in entwicklungspsychologischer und psychohygienischer Sicht negative Folgen haben: Man lebt in innerer Zerrissenheit zwischen der Ablehnung der Naturwissenschaften und der gleichzeitigen täglichen Nutzung ihrer Erkenntnisse – sozusagen in zwei Welten, der des Glaubens und der realen. Man hält die Erde für eine Scheibe und reist doch mit dem Flugzeug um die Welt...[2]

Weniger extreme Kreationisten machen unterschiedliche Versuche, aktuelle wissenschaftliche Einsichten zu respektieren und mit den Aussagen der Bibel zu harmonisieren. Sie möchten auf der Höhe der Zeit bleiben, gleichzeitig aber nachweisen, dass biblische Aussagen mit der Wissenschaft kompatibel sind, aktuelle Erkenntnisse sogar bestätigen und über das Weltbild ihrer Zeit hinaus wegweisend für die Naturwissenschaften bleiben.[3]

Wo die Wissenschaft biblischen Aussagen widerspricht, versuchen sie, Argumente zu sammeln, die die Aussagen der Wissenschaft entkräften.[4]

Ein Foto, das unser Weltbild verändert hat: „Earthrise" – „Erdaufgang",
aufgenommen von William Anders am 24. 12. 1968 während der Umkreisung des Mondes mit Apollo 8.

Das Problem all dieser Harmonisierungsversuche besteht darin, dass sie sowohl von der grossen Mehrheit der Naturwissenschaftler als auch der Theologen abgelehnt werden, weil sie weder den Texten der Bibel noch den Naturwissenschaften wirklich gerecht werden. Nach der biblischen Darstellung von Genesis 1, 14ff. wurden beispielsweise Sonne, Mond und Sterne erst geschaffen, nachdem (!) bereits grünes Kraut und Bäume auf der Erde wuchsen – eine Vorstellung, die zwar dem altorientalischen Weltbild entspricht, aber mit den heutigen Erkenntnissen über das Sonnensystem völlig unvereinbar ist.

Es wäre theologisch unverantwortlich, würde man diese eindeutige Aussage des Textes einfach „weginterpretieren". Eine Harmonisierung ist hier und in vielen anderen Fällen schlicht nicht möglich.[5]

Die verschiedenen Spielarten des Kreationismus treffen sich ausserdem in der kritischen Beurteilung bzw. Ablehnung der Evolutionstheorie. Der Grund dafür ist ein prinzipieller: Für Veränderungs– bzw. Entwicklungsvorgänge in der Natur wie auch für das Auftreten von völlig Neuem (z.B. neuen Arten) bietet die Evolutionstheorie Erklärungen, in denen ein Eingreifen Gottes nicht notwendig ist.

Es geht also nicht um einen naturwissenschaftlichen Diskurs, sondern um die Verteidigung der Vorstellung, dass Gott für die Erklärung der Welt notwendig sei. Eine spezielle Position nimmt dabei eine weitere Spielart des Kreationismus ein: die Bewegung des „intelligent design", welche das direkte schöpferische Eingreifen Gottes in evolutionäre Vorgänge mit wissenschaftlichen Methoden nachweisen möchte.[6]

Wir, die Mitglieder des ökumenischen Arbeitskreises „Glaube und Wissenschaft" und die Takano–Fachstelle der Evangelisch-methodistischen Kirche, sind der Auffassung, dass der Kreationismus und die damit verbundenen Harmonisierungsversuche zwischen Bibel und Naturwissenschaft nicht sinnvoll sind und gerade in der Arbeit mit Kindern und Jugendlichen sogar schädlich werden können.[7]

«Es sollte kein unüberbrückbarer Zwiespalt zwischen dem allgemein herrschenden Weltbild und dem religiösen Weltbild entstehen.»
Udo Rauchfleisch,
Schweizer Psychotherapeut

Theologische Einsichten

Es sind vor allem folgende theologische Einsichten, die uns andere Wege gehen lassen:

1. Wie auch bezüglich anderer Bereiche (z.B. in der Ethik, bei der Rolle der Frau) verstehen wir die Bibel nicht als zeitloses Buch, unabhängig von der Kultur und den Weltbildern der jeweiligen Entstehungszeit. Bereits in der Bibel selbst werden Aussagen in den Kategorien und Vorstellungen unterschiedlicher Weltbilder gemacht. [8]

Wer die biblischen Texte über Gott und Menschen, z. B. in Genesis 1 und 2, ernst nimmt und für heute aktualisiert, muss nicht gleichzeitig die dort zum Ausdruck kommenden Weltbilder übernehmen. Vielmehr besteht die Aufgabe darin, die biblische Botschaft auch in den Kategorien heutiger Weltbilder zu formulieren.

2. Zu den grundlegenden biblischen Aussagen über Gott gehört seine Unfassbarkeit (z.B. Ps. 139, 6; Röm 11, 33). Er ist unserem Wahrnehmen und Begreifen grundsätzlich entzogen, sofern er sich nicht den Menschen als seinen Ebenbildern offenbart. Diese grundsätzliche Entzogenheit Gottes veranlasst uns auch zu akzeptieren, dass Gott in den Vorgängen der Natur nicht im Sinne der Naturwissenschaften „nachweisbar", also messbar oder beweisbar sein wird. Erst recht ist Gott nicht der Lückenbüsser für das, was die Wissenschaft (noch) nicht erklären konnte.

Von daher gibt es auch keinen Grund, die Evolutionstheorie oder eine andere naturwissenschaftliche Theorie aus theologischen Gründen abzulehnen. [9] Wäre Gott zur Erklärung der Welt notwendig, wäre er nicht mehr der unfassbare und unbegreifliche Gott.

Nach den Grundsätzen der Evangelisch-methodistischen Kirche[10] schliessen sich Naturwissenschaften und Religion keineswegs aus, auch wenn sie unterschiedlich von der Welt sprechen. Naturwissenschaften prägen unser Weltbild. Religion spricht über Gott und den Menschen im Verhältnis zu Gott in unterschiedlichen Weltbildern.

Die Aussagen von beiden lassen sich nicht harmonisieren, aber sie ergänzen sich gegenseitig. Sie sind verschiedene Wahrnehmungsweisen der einen Wirklichkeit. Naturwissenschaften und Religion haben ihre speziellen Bereiche und Grenzen. Sie gehen von unterschiedlichen Fragestellungen aus und haben je eigene Methoden und Sprachformen entwickelt.

Unterschiede

Der Hauptunterschied zwischen Naturwissenschaft und Religion lässt sich so formulieren:

- Religion ist teilnehmende Erkenntnis, durch welche sich der Mensch als Angesprochener oder als Teil von einem grösseren Ganzen erfährt;
- Naturwissenschaft ist objektivierende Erkenntnis, durch welche der Mensch der erkennbaren Welt gegenübertritt.

Naturwissenschaften haben per Definition keinen Zugang zu bestimmten geistigen Wirklichkeiten, wie z.B. zur Frage nach dem Sinn des Lebens oder zur Gottesfrage. Behaupten sie dies dennoch, überschreiten sie ihre Kompetenzen.

Die Vertreter der Religionen sollten dagegen akzeptieren, dass die Aussagen ihrer heiligen Schriften oder ihrer Repräsentanten in vielen Fällen keine wissenschaftlich nachweisbaren Wahrheiten sind, sondern auf persönlichen Erfahrungen und Glaubenszeugnissen beruhen. Diese sind immer mitgeprägt von dem Weltbild, das bei ihrer Entstehung massgebend war.

Aufgaben der christlichen Verkündigung

Christliche Verkündigung, insbesondere auch die Arbeit mit Kindern und Jugendlichen, hat die Aufgabe, die Erfahrungen des Glaubens in der Sprache heutiger Weltbilder zu formulieren. Dies ist wesentlich für die Ausbildung einer gesunden religiösen Identität.[11] Dabei sind auch entwicklungspsychologische Aspekte mit zu bedenken.[12]

Zu einem mündigen Christsein gehört es, eine religiöse Identität zu entwickeln, die nicht auf geschlossene Weltbilder angewiesen ist, sondern die Vertrauen zu dem Unfassbaren und Respekt vor dem Geheimnis der Welt entwickelt und bewahrt, das weder die Naturwissenschaften noch die Religion endgültig fassen oder gar aufzulösen vermögen.

«Der erste Schluck aus dem Becher der Naturwissenschaft macht atheistisch.
Doch auf dem Grund des Bechers wartet Gott.»
Werner Heisenberg, Physiker

Autor: Stefan Weller, Pfarrer EMK, Schweiz
Vorsitzender des Ökumenischen Arbeitskreises „Glaube und Wissenschaft", Schweiz

Fussnoten zum Text ‚Wissenschaft verändert Weltbilder'

1   Von lat. „creatio" - Schöpfung

2   Vgl. dazu den Beitrag von Dr. Hansjürg Geiger in dieser Arbeitshilfe, Seite 40

3   So z.B. Hugh Ross und die Organisation „Reasons To Believe": URL: http://www.reasons.org. Es wird davon ausgegangen, dass Gott sich sowohl in der Bibel als auch in der Natur (in „zwei Büchern") offenbart und sich beide Offenbarungen nicht wirklich widersprechen können. Wenn doch, dann ist entweder die Interpretation der Natur oder die der Bibel nicht zutreffend.

4   So zum Beispiel im deutschsprachigen Raum die Studiengemeinschaft „Wort und Wissen" (URL: www. wort-und-wissen.de); sie betreibt in evangelikalen Publikationen (z.B. idea Spektrum, Ethos u.a.) eine aktive Öffentlichkeitsarbeit.

5   Immer wieder gibt es allerdings merkwürdige Versuche, diese Harmonisierung doch noch zu bewerkstelligen: Beispielsweise meint der Bremer Physiker Albrecht Kellner, der Text Gen 1, 14ff sei so zu verstehen, dass nach der Erschaffung der Pflanzen „die Atmosphäre sich durch weitere Niederschläge immer weiter ausdünnte, bis sie für die Gestirne transparent wurde" (ideaSpektrum 32/33.2014, S. 29). Im Text steht aber eindeutig, dass die Lichter des Himmels dann von Gott „gemacht" und an die Feste des Himmels „gesetzt" wurden, nicht dass sie dann erst sichtbar wurden.

6   Vgl. URL: http://de.wikipedia.org/wiki/Intelligent_Design

7   Vor allem in der Schule geraten Kinder in Konfliktsituationen, die nicht nötig wären; vgl. dazu den Beitrag von Dr. Hansjürg Geiger in dieser Arbeitshilfe, Seite 40

8   Vgl. dazu den Beitrag von Dr. Rudolf Schmid in dieser Arbeitshilfe, Seite 18

9   Im Gegenteil: Evolutionäres Denken kann auch einen neuen Zugang zur biblischen Botschaft erschliessen. Vgl. dazu den Beitrag von Richard Brüchsel über Teilhard de Chardin in dieser Arbeitshilfe. Weitere Literatur: Theißen Gerd: Biblischer Glaube in evolutionärer Sicht; Stadelmann, Hans-Rudolf: Im Herzen der Materie. Glaube im Zeitalter der Naturwissenschaften (siehe Literaturangaben)

10   Vgl. den Auszug aus den Sozialen Grundsätzen der EMK, Seite 54 + Webablage. Wir weisen auch hin auf den in diesem Sinne arbeitenden Arbeitskreis Naturwissenschaft und Glaube der EMK: URL: http://www.emk-naturwissenschaften.de.

11   „Es sollte kein unüberbrückbarer Zwiespalt zwischen dem allgemein herrschenden Weltbild und dem religiösen Weltbild entstehen." Rauchfleisch, Udo: Wer sorgt für die Seele. Grenzgänge zwischen Psychotherapie und Seelsorge. Klett Kotta Verlag, Stuttgart 2004, S. 102

12   Vgl. dazu den Beitrag von Arnold Benz zur Entwicklung des Weltbildes bei Kindern, Seite 14

Christliche Astrophysikerinnen und Astrophysiker finden Gott nicht mit dem Fernrohr, auch nicht in den Daten des modernsten Weltraum-Teleskops. Sie finden göttliche Fingerabdrücke weder im Urknall, in Schwarzen Löchern noch in der Dunklen Energie, und selbst nicht im eigenartig zweckmässigen Zusammenspiel der physikalischen Konstanten.

Theorie ohne Gott

In ihren Theorien kommt Gott mit keinem Wort vor. Sie messen, beobachten und erklären wie alle anderen Wissenschaftler, wie wenn Gott nicht wäre.

Trotzdem: Gott sehen

Doch können auch Wissenschafter unter Umständen - und falls sie dazu bereit sind - Gott in einer stillen, sternklaren Nacht „sehen".

Zum Beispiel wenn Jupiter oder Venus am Himmel leuchten und sie sich entsinnen, dass es 4,6 Milliarden Jahre brauchte, bis auf unserem Planeten Lebewesen wie wir entstanden, die sich selbst bewusst sind, und dass während dieser langen Zeit auf der Erde ideale Bedingungen für die Entwicklung des Lebens herrschten.

Oder wenn die vielen Sterne ihnen ins Gedächtnis rufen, dass es vor der Sonne noch Milliarden früherer Sterne geben musste, in welchen viele unserer Atome, wie Kohlenstoff und Sauerstoff, entstanden.

Oder wenn das geheimnisvolle Band der Milchstrasse sie daran erinnert, dass sich Sterne nur in derartigen Galaxien mit hunderttausend Lichtjahren Durchmesser bilden können, die infolge von Dunkler Materie entstanden, deren Bestandteile und Eigenschaften die Wissenschaft noch nicht kennt.

Und wenn sie sich dann vielleicht vorzustellen versuchen, dass sich Galaxien voneinander entfernen, weil sich das ganze Universum ausdehnt und immer grösser wird, und dieses Auseinandergleiten von einer ebenfalls unbekannten Dunklen Energie getrieben wird, die drei Viertel der Energie des Universums ausmacht.

Staunen über das Universum

In einer solchen stillen Nacht kann ich staunen, dass es ein ganzes Universum braucht, damit ich hier sein kann. Viel kleiner könnte das Universum nicht sein als seine heutige Grösse, wo das Licht vom Rand bis zu uns 13,8 Milliarden Jahre braucht. Ohne Dunkle Energie, Dunkle Materie, Galaxien, Sterne und Planeten könnten wir nicht leben. Jedes von ihnen übersteigt die Grenzen unserer Vorstellungskraft.

WAHRNEHMUNGEN

Nichts von dieser Entwicklung über Milliarden von Jahren könnte ich selbst bewirken, aber alles ist nötig, dass es mich gibt. Dann geht mir vielleicht auf, dass dies alles, auch mein Leben und meine Lebenszeit, nicht einfach da und selbstverständlich sind. Keine rationalen Überlegungen zwingen mich zu diesem Schluss. Lasse ich jedoch das Staunen zu und nehme teil am Glanz der Sterne, merke ich, wie im Herzen etwas anklingt. Es ist eine Ahnung, andere sagen vielleicht Offenbarung, dass mir dies alles geschenkt wurde. Das Geschenk des Lebens und des Universums schmelzen zusammen und weisen mein Staunen auf einen Schenkenden, auf einen Schöpfer, auf Gott im Kosmos.

Wahrnehmungen brauchen keine Beweise

Ich gehe davon aus, dass Wahrnehmungen hinter dem Begriff der Schöpfung stehen, nicht nur reine Behauptungen. Wahrnehmungen brauchen keine Beweise. Sie sind unser direkter Kontakt mit der Wirklichkeit.

Aber es sind Wahrnehmungen, die keinen Eingang in die heutige Naturwissenschaften finden, weil der Beobachter daran teilnimmt und nicht auf Distanz bleibt.

An den Außenrändern der Kleinen Magellanschen Wolke, einer Begleit-galaxie unserer Milchstrasse, die etwa 200.000 Lichtjahre entfernt ist, liegt der 5 Millionen Jahre „junge" Sternhaufen NGC 602.
Es handelt sich um einen „Sternkinder-garten" – neue Sterne werden geboren und blasen den Rest der Wolke weg, aus der sie entstanden sind. Das Bild umfasst etwa 200 Lichtjahre.
(Quelle: NASA, ESA und Hubble Heritage Team)

Wissenschaft muss objektiv sein

Wissenschaft muss objektiv sein, das heisst von der Person des Forschenden unabhängig. In allgemein verständlichen Vorträgen über objektive Astronomie stelle ich immer wieder fest, dass viele Zuhörer nicht nur die „harten Fakten" zur Kenntnis nehmen. Auch ich staune gelegentlich beim Forschen und verlasse in diesem Moment den Bereich der Naturwissenschaft.

Staunen ist nicht gegen die Vernunft

Die naturwissenschaftlichen Informationen können das Universum in eine Beziehung zu mir selbst bringen, was innerhalb der Naturwissenschaft nicht möglich ist. Staunen ist jedoch immer an eine Person gebunden und nicht zwingend, aber nicht gegen die Vernunft.

Diese andere Art der Wahrnehmung erschliesst einen nicht unwichtigen Teil der Wirklichkeit.

Was wir von der Wirklichkeit wahrnehmen, ist grösser als der Teil, den die Naturwissenschaften messen und beobachten können. In Kunst, Trauer, Liebe, aber auch in religiösen Wahrnehmungen kommt uns etwas entgegen, das nur zu einem unbedeutenden Teil naturwissenschaftlich fassbar ist.

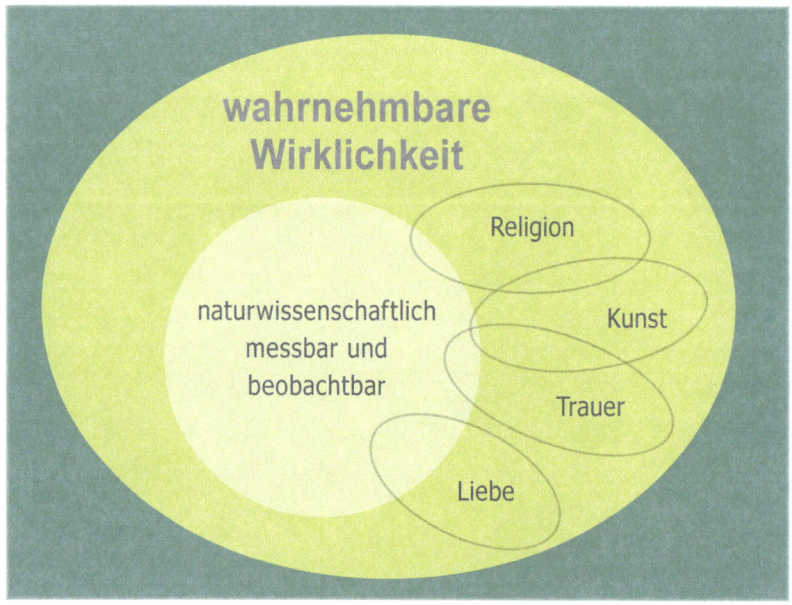

Teilnehmende Wahrnehmungen

„Man sieht nur mit dem Herzen gut. Das Wesentliche ist für die Augen unsichtbar", schrieb Antoine de Saint-Exupéry über solche teilnehmenden Wahrnehmungen. Der Glaube an einen Schöpfer erklärt nicht, wie Sterne, Planeten oder selbst das Universum entstanden sind. Wer solche Erklärungen sucht, geht heute zur Astrophysik.

In der Schöpfung geht es auch nicht um noch bestehende Lücken im naturwissenschaftlichen Verständnis des Universums. Wer heute den Begriff der „Schöpfung" gebrauchen will, muss von überzeugenden Schöpfungserfahrungen sprechen.

Eine solche Erfahrung ist das Staunen, dass die Vorgänge bei der Entstehung der Erde diesen Juwel hervorgebracht haben.
Oder die erlösende Erfahrung, wenn etwas Neues entsteht nach einer grossen Katastrophe, so wie aus Karfreitag ein Ostern wurde.

Der Begriff von Schöpfung hat eine empirische* Basis und stammt aus der teilnehmenden Erfahrung, in denen wir staunend gewahr werden, dass uns alles Lebenswichtige geschenkt ist.

Es geht bei der Schöpfung um nichts weniger als die Erfahrung, wie Gott in der Welt wirkt. Erst mit solchen Erfahrungen können wir die ganze Welt als Schöpfung deuten.

Damit ist auch klar, dass heute die Schöpfung nicht an den Anfang des Universums gebunden sein kann. Noch heute entstehen Sterne und Planeten, Tiere und Menschen. Meine Hoffnung vertraut auf Schöpfung auch in der Zukunft.

* empirisch: auf Erfahrungen beruhend, im Gegensatz zu ‚idealistisch', wo von Ideen oder Hypothesen ausgegangen wird.

> «Wir begegnen der Schöpfung dann, wenn wir staunend feststellen, dass uns etwas gegeben ist, das wir nicht selbst bewirken können und doch notwendig ist für unsere Existenz.»
>
> Hans Weder, Schweizer Theologe

Autor: Dr. Arnold Benz, emeritierter Professor am Institut für Astronomie der ETH Zürich und Ehrendoktor der Theologischen Fakultät der Universität Zürich.

Biblischer Schöpfungsglaube und moderne Wissenschaft

„Am Anfang schuf Gott Himmel und Erde"

(Genesis / 1 Mose 1,1). Dieser erste Satz wird in der Bibel mit der Darstellung der Welterschaffung (nach jüdischer Zeitrechnung vor 5774 Jahren) in sieben Tagen entfaltet.
Wenn die Naturwissenschaften mit einer Entwicklung über 13,7 Milliarden Jahren seit dem „Urknall" rechnen, scheint der Gegensatz unüberbrückbar. Er kann aber auch eine Einladung sein, genauer auf die Botschaft der Bibel hinzuhören.

In der Darstellung des 1. Kapitels der Bibel spannt sich ein grosser Bogen von „Im Anfang schuf Gott Himmel und Erde" (1,1) bis zum Ende „Gott vollendete am siebten Tag sein Werk, das er gemacht hatte, und er ruhte am siebten Tag von seinem Werk, das er gemacht hatte" (2,2).

Unter diesen Bogen ordnet der Schriftsteller kunstvoll die Werke ein, indem an den ersten drei Tagen die Räume geschaffen und an den zweiten drei Tagen diese Räume ausgestattet werden.

Wie sehr dem Verfasser der Zeitraum einer Woche am Herzen lag, zeigt er, indem er für acht Werke nur sechs Tage vorsieht. Die Ausrichtung auf eine Vollendung in der göttlichen Sabbatruhe spiegelt die Bedeutung, die der Sabbat zu seiner Zeit (6./5. Jh. v.C.) als unterscheidendes Merkmal der jüdischen Gemeinde bekam. Die Wahl der Woche als Bild göttlichen Schaffens und der Ausrichtung der Welt auf Gott legte sich dem Verfasser nahe.

Es ist nicht zu übersehen, dass die Bibel das Wesen einer Person oder einer Institution darstellt, indem deren Entstehung geschildert wird. Um zu zeigen, was etwas ist, wird erzählt, wie es nach damaliger Vorstellung geworden ist. Dem Verfasser der Schöpfungsdichtung geht es um den Menschen und seine Stellung in der Welt. Das einförmige „Gott sprach – es wurde" wird nur beim Menschen mit einer vorangehenden Selbstberatung Gottes durchbrochen: „Lasset uns Menschen machen als unser Bild, uns ähnlich" (1,26). Schon zuvor zielen Andeutungen auf diesen Menschen hin.

Z.B. verwendet der Verfasser für Sonne und Mond nicht die geläufigen Worte, sondern spricht von der grossen und kleinen Lampe (1,16). Sie erhellen Tag und Nacht und „sie sollen Zeichen sein für die Festzeiten und für die Tage und Jahre" (1,14). Nur die Menschen brauchen Zeichen für die Festzeiten und den alltäglichen Kalender. Somit sind Sonne und Mond nicht wie in Israels Umwelt Götter, denen der Mensch zu dienen hat, sondern Geschöpfe, die dem Menschen dienen.

Gegensätzlichkeiten in der Darstellung der Welterschaffung ergeben sich nicht erst im Vergleich mit der modernen Naturwissenschaft, sondern bereits in der Bibel selbst im Vergleich mit der Erzählung von Gen 2. Während z.b. in Gen 1 am Anfang alles mit Wasser bedeckt ist, Gott alles durch sein Wort entstehen lässt, und der Mensch als letztes Wesen erschaffen wird, herrscht in Gen 2 zu Beginn völlige Trockenheit, formt Gott den Menschen wie ein Töpfer als Ersten und macht für den Menschen erst hernach Tiere und Pflanzen.

Umso deutlicher wird, was der Mensch ist. Als Bild Gottes wird er in Gen 1 eingesetzt als Herrscher über die Tierwelt und Erde (Gen 1,26.28), der somit als Bild den unsichtbaren Gott in seiner Sorge für die Erde erfahrbar machen soll, aber selbst auf das Urbild Gott und die Ruhe in Gott ausgerichtet ist.

Trotz völlig anderer Darstellung hält Gen 2 seine gleiche Stellung fest; denn die Namensgebung zeigt die Herrschaft des Menschen; er soll die Erde bebauen und bewahren; aber das göttliche Verbot verdeutlicht seine Verwiesenheit auf Gott. Bereits solche Hinweise zeigen, wie deutlich beim aufmerksamen Lesen die Absicht der biblischen Verfasser erkennbar wird. Die völlig verschiedene Darstellungsweise und die Wahl der Bilder spiegeln den unterschiedlichen kulturellen Hintergrund.

Gemeinsam vermitteln die biblischen Verfasser den Menschen in einer ihrer Zeit und ihrer Umwelt entsprechenden Weise die Botschaft, was der Mensch ist; wie er sich im Licht des Glaubens versteht und welchen Auftrag er in der Welt wahrzunehmen hat. Das behält seine Gültigkeit für die Lebensgestaltung in Ausrichtung auf Gott als dem Ziel und Vollendung des Lebens.

Die Offenheit für die Forschung und die Ergebnisse der Naturwissenschaften erlaubt, sich eine zutreffendere Vorstellung zu machen, wie das Weltall wurde und sich in Gegenwart und Zukunft entwickelt.

Autor: Dr. Rudolf Schmid, Pfarrer in Kriegstetten, war Professor für Altes Testament an der Theol. Fakultät Luzern (1963-78) und wirkte in verschiedenen Leitungsaufgaben des Bistums Basel (1978-2002)

Anregungen zum aufmerksamen Lesen von 1 Mose 1,1-2,4a und 2,4b-24

Der Gegensatz zwischen der biblischen und der naturwissenschaftlichen Darstellung, wie die Welt wurde, ist eine Einladung, genauer hinzuhören, was das wirkliche Anliegen der biblischen Botschaft ist. Dazu ist es notwendig, sich von den biblischen Verfassern leiten zu lassen und durch ihre Hinweise ihr eigentliches Anliegen wahrzunehmen.

Für die Arbeit in Gruppen

Nach der Lesung der einen oder der anderen Darstellung kann man die Beteiligten einladen, ihre Feststellungen zu äussern. Dabei kann entweder von den spontanen Äusserungen der Beteiligten ausgegangen werden, die ins Ganze einzuordnen sind, oder die Gesprächsleitung kann durch gezielte Fragen das Suchen der Hinweise im Text leiten und damit bündeln.

Unterschiede von Genesis 1 und Genesis 2

Unterschiede in Darstellungsweise und Sprache

Gen 1,1-4a	Gen 2,4b-24
Gesamtes Weltall	Erde
Gottesnamen: Gott	Gottesnamen: Jahwe (Herr) Gott
Fester Rahmen der Woche	Ohne zeitlichen Rahmen
Wiederkehrende Sätze / Formeln	Fortlaufende Erzählung
Am Anfang alles vom Wasser bedeckt	Am Anfang fehlendes Wasser, Wüste
Gott schafft durch Wort	Gott schafft wie ein Mensch (z.B. Töpfer, Gärtner)
Mensch erscheint am Ende der Geschöpfe	Mensch als erstes Geschöpf, alles andere für den Menschen
Gott benennt das Erschaffene	Mensch gibt den Tieren Namen

ESEN VON GENESIS 1 + 2

Gemeinsamkeiten

Trotz der völlig unterschiedlichen Darstellung gibt es entscheidende Gemeinsamkeiten:

- Gott steht fraglos und zeitlos am Anfang und erschafft alles.
- Der Mensch ist Herrscher (Gen 1 „Bild Gottes"; Gen 2 gibt den Tieren Namen [für den Orientalen Zeichen seiner Autorität]).
- Mann und Frau sind ebenbürtige Partner (Gen 1: Beide „Bild Gottes"; Gen 2: „Bein von meinem Bein, Fleisch von meinem Fleisch"; „sie (die Frau) soll genannt werden": Die passive Form umschreibt Gottes Tätigkeit [im Gegensatz bei den Tieren hat der Mann über die Frau keine Herrschaft]; der Name: isch - ischscha).
- Der Mensch ist auf Gott verwiesen (Gen 1: „Bild Gottes"; Ruhe in Gott als Ziel; Gen 2: Mensch steht unter Gottes Gebot).

Einzelheiten in Gen 1,1-2,4a

a. Kunstvoller Rahmen: Wie ist die Woche aufgebaut?

Räume	Ausstattung
1. Lichtraum	4. Grosse Lampe, kleine Lampe Sterne
2. Obere, untere Wasser – Luftraum	5. Geflügelte Tiere, Fische
3. a. Trockenland	6. a. Wilde, zahme, kriechende Tiere
b. Pflanzen	b. Mensch
7. Ruhe Gottes als Vollendung	

b Fest geprägte Sätze / Satzteile, die sich wiederholen

• Gott sprach: es werde – und es ward – Gott machte – Gott nannte – Gott segnete - Gott sah,
  dass es gut war - Es wurde Abend und es wurde Morgen, Tag x

c Wo fehlen die Formeln oder sie werden verändert?

• Gen 1,1f: Gott ist fraglos da, und die Schilderung des Chaos umschreibt, was wir als „Nichts" benennen
  (den Begriff gibt es im Hebräischen nicht); die Erweiterungen am Ende sprengen die Formelsprache.
• Dem 7. Tag fehlt der gewohnte Abschluss – er dauert an.
• Der Segen wird nur dreimal erwähnt:
  Bei den Fischen und Vögeln, beim Menschen, beim Sabbat, jeweils mit einer Nuancierung: Bei den
  ersten Lebewesen (v. 21): Gott segnete sie, indem er sprach (Die Weitergabe des Lebens setzt die gött-
  liche Kraft voraus [Segen]).
  • Beim Menschen: Gott segnete sie und sprach zu ihnen (Der Mensch wird selbst angesprochen).
  • Beim Sabbat erweitert durch „und heiligte ihn" (Der Sabbat ist aus dem alltäglich Menschlichen
    herausgehoben und gehört in den Gott geweihten Bereich).
  • Bei den ersten Lebewesen verwendet der Verfasser nicht das gewöhnliche „machen", sondern das für
    das göttliche Schaffen vorbehaltene bara' – erschaffen; beim Menschen gleich dreimal.

d Wie wird das „Nichts" vor der Schöpfung dargestellt?

Die Wasserflut verhindert die Existenz, was der Erfahrung des Zweistromlandes entspricht, wo bisweilen
Überschwemmungen ganze Kulturen auslöschen. Ebenso verunmöglicht die Finsternis geordnetes Dasein.
Dennoch ist Gottes Geist gegenwärtig.

e Welche Bedeutung haben die Gestirne?

• Der Verfasser spricht nicht von Sonne und Mond, sondern von der grossen und kleinen Lampe. Er
  vermeidet somit die Namen, die in der Umwelt für Sonne und Mond verwendet und als Gottheiten
  verehrt werden.
• Die Gestirne unterscheiden Tag und Nacht und dienen zur Festlegung des Kalenders (Festzeiten, Tage
  und Jahre), was nur der Mensch braucht. Sie haben somit dem Menschen zu dienen und nicht – wie in
  der Umwelt – die Menschen der Sonne und dem Mond.

f Wie werden die Landtiere eingeteilt?

Entsprechend der Beziehung der Tiere zum Menschen werden sie in wilde und zahme Tiere sowie Kriechtiere eingeteilt. Die fünf Gruppen umfassen alle sichtbaren Tiere.

g Wie hebt sich die Erschaffung der Menschen ab?

* Nur bei den Menschen schiebt der Verfasser eine Selbstberatung Gottes ein, wodurch die Menschen als besondere Wesen hervorgehoben sind.
* Im rhythmisch verfassten V. 27 verwendet der Verfasser dreimal das für göttliches Schaffen vorbehaltene Wort bara' (erschaffen). Der Mensch ist Bild Gottes, soll somit den verborgenen Gott in dieser Welt sichtbar machen durch seine Herrschaft über die anderen Wesen.
* Die Menschen werden männlich und weiblich erschaffen und sind als Mann und Frau in gleichem Masse Bild Gottes, wenn auch in unterschiedlicher Weise (die unauslotbare Fülle Gottes!).
* Im Segen spricht Gott die Menschen an. Gegenüber dem Segen über die Tiere (v. 22) wird der Satz um die Herrschaft erweitert.

h Wie wird die Schöpfungsdichtung abgeschlossen?

* Der Abschluss erfolgt nicht mit dem letzten Geschaffenen (Mensch), sondern mit der Ruhe Gottes am 7. Tag, dem das abschliessende Es wurde Abend ... fehlt (die altgriechische Übersetzung korrigiert: Gott vollendete am sechsten Tag).
* Gott heiligt den Tag, was dem israelitischen Sabbatverständnis entspricht.

Israel kennt seit der Frühzeit den Sabbat als Ruhe für alle, in Erinnerung an die Befreiung aus der Knechtschaft Ägyptens (vgl. Sabbatgebot in Dtn 5,15). In der Exilszeit wurde der Sabbat zum unterscheidenden Kennzeichen der Israeliten (vgl. Jes 56,6) und zum festlichen Ziel der Arbeitswoche, bzw. zum Fest, aus dem überfliessendes Leben in die neue Woche strömt. Das liegt nach dem Verfasser bereits in der Schöpfung zu Grunde (vgl. Sabbatgebot in Ex 20,11).

Einzelheiten in Genesis 2,4b-24

Was drückt der Verfasser mit den Bildern aus?

• Das „Nichts" wird entsprechend der Erfahrung des Wüstenbewohners mit dem Fehlen des Wassers und damit dem Fehlen der Vegetation dargestellt.

• Gott formt den Menschen aus Erde und haucht den Lebensodem ein.

• Gemäss der Erfahrung vergeht der menschliche Körper, wird Erde, ist folglich aus Erde. Er trägt aber auch das Leben, etwas Göttliches, in sich, das darum von Gott gegeben und unantastbar ist.

• Gott pflanzt Garten: Reichliche Lebensgrundlage für den Menschen. Der Wasserreichtum (vier grosse Flüsse) zeigt die Lebensfülle.

• Gottes Gebot: Gott leitet den Menschen auf dem Weg zum Leben; der Mensch ist auf Gott verwiesen. „Baum der Erkenntnis von Gut und Böse": Das „Erkennen" schliesst im Hebräischen auch die emotionale Ebene ein, somit auch anerkennen und bestimmen. Gott setzt fest, was gut und böse ist. Mit dem eigenmächtigen Bestimmen masst sich der Mensch göttliche Auftorität an (vgl. Gen 3,5: „Ihr werdet sein wie Gott als Erkennende / Bestimmende, was gut und böse ist". Nach Gottes Wort ist das Essen vom Baum Tod bringend, somit in höchstem Mass schlecht. Nach dem Urteil des Menschen ist es begehrenswert, also gut).

• „Hilfe wie ein ihm Gegenüber": Hilfe soll den Menschen ebenbürtig sein.
a) Die Tiere sind es nicht. Namengebung bedeutet Autorität über das Benannte.
b) Die Frau ist ebenbürtige Partnerin. Da die Ebenbürtigkeit mit der Formel „Bein von meinem Bein" umschrieben wird, wählt der Verfasser das entsprechende Bild, und zwar die Rippe als Knochen, der ohne Schaden für das Erscheinungsbild des Menschen entnommen werden kann.

Dabei ist erstaunlich, dass in einer patriarchalischen Gesellschaft die Ebenbürtigkeit der Frau als von Gott geplant dargestellt wird (vgl. Gen 3,16: Die Herrschaft des Mannes über die Frau als Zeichen der gestörten Ordnung).

Zusammenfassung zu Genesis 1 + 2

Wer auf die deutlichen Hinweise der biblischen Verfasser achtet, erkennt das eigentliche Anliegen. Dabei ist zu bedenken, dass im damaligen Orient Darstellungen, wie Etwas entstanden ist, dazu dienen, um festzuhalten, was Etwas ist (vgl. drei Darstellungen in 1 Sam 9-11, wie Saul König wurde, um drei Aspekte zu zeigen, was das Königtum ist).

Es geht beiden Verfassern, so unterschiedlich sie das Werden darstellen, um die gleiche Botschaft, nämlich um die Antwort auf die Frage:

Wer / was ist der Mensch? Wie ist er in seiner Stellung zu Gott und der Welt zu verstehen?

• Der Mensch ist Teil der Schöpfung. Er ist vergänglich, aber belebt durch die göttlich unvergängliche und darum unantastbare Lebenskraft.

• Der Mensch hat eine Sonderstellung
  (Bild Gottes; Tierwelt ist keine „Hilfe wie sein Gegenüber")

• Der Mensch ist in seinem Wesen auf Gott. In der bejahten und gelebten Hinordnung auf Gott liegt sein Glück (Paradies) und seine Vollendung (Sabbat).

«Gott macht, dass sich die Dinge selber machen»
Pierre Teilhard de Chardin, französischer Paläontologe

Wer war Pierre Teilhard de Chardin?

„Gestern ein herrlicher Frühlingstag – der erste. Ich bin die Laufgraben-Chaussée entlang, bis zur Ziegelei, in Richtung Nieuwendamm gegangen. Soweit das Auge reichte, in Richtung Ostende, nach St-Georges, breitete sich das Watt aus, unendlich gleich, unendlich ruhig, unendlich in reinem Licht gebadet. Die Süsswasserpfützen lagen glatt und spiegelten einen perlblauen Himmel. Und dann, etwas später, begann die Sonne über den Ruinen von Nieuport, im Schatten einer grossen, violetten Wolke, sich in Gold aufzulösen. Wenn man ein solches Gesicht der Erde sieht, wie sollte man da nicht versucht sein, ihr eine Seele zu suchen...".

Pierre Teilhard de Chardin, Sanitätssoldat und Priesterkamerad eines Eliteregiments der französischen Armee, hat die oben beschriebene Erfahrung am 10.Februar 1916 kurz vor seinen wiederholten Einsätzen in Verdun in sein Tagebuch eingetragen.

Er ist geboren am 1. Mai 1881 in Sarcenat bei Clemont-Ferrand im Massif Central, Frankreich. Die Natur war von Kind an sein Lebensumfeld, in dem er in verschiedenen Dingen ein rätselhaftes Leuchten erahnte, das ihn zur Liebe der Welt anzog, um sie zu erforschen. Dabei machte er aber auch die Erfahrung des Zerfalls der materiellen Dinge, die ihn so verwirrte, dass die Mutter ihn trösten musste, indem sie ihn auf die Landschaft hinwies und sagte: „Alles ist auf Liebe aufgebaut". Sie meinte damit die Liebe, aus der das ewige Wort die Welt geschaffen und sich uns in Jesus offenbarte. Für den jungen Teilhard war diese Antwort der Schlüssel, um das zu deuten, was er wie in einer Tiefendimension des Daseins in den Dingen leuchten sah.

„Leuchtspuren"

Solche „Leuchtspuren" haben ihn zu den Jesuiten geführt. In der Nachfolge Jesu suchte er Antwort auf seine Fragen:
• Hat unsere Umwelt eine Seele? Wie muss dann diese Umwelt beschaffen sein?
• Kann man diese Seele mit Christus identifizieren, sodass das Lichtvolle in der Natur als Anruf Christi verstanden werden kann?

In seinen philosophischen Studien (1902-05) lernte er, wie Aristoteles alle Dinge durch ein Gestalt gebendes Form-Prinzip und ein Gestalt aufnehmendes Materie-Prinzip erklärte, wobei alle Dinge aber statisch in der Welt nebeneinander existieren. Teilhard schien auf Grund seiner Naturerfahrung dieses statische Verhalten zu hinterfragen, denn er schrieb

EILHARD DE CHARDIN

1905 in einem Aufsatz: „Welches ist das wirkliche Verhalten der materiellen Dinge?" (oev.sc.30).

Später, während seines Theologiestudiums (1908-1912), verdeutlichte sich ihm dieses Verhalten als „eine tiefe, ontologische, totale Drift (Grundbewegung) des Universums" (oev.t.13,33), in die der Mensch selber mit seinem Bewusstsein (französisch: con-science = mit-wissen, -lieben, -sein) auch einbezogen ist. So deutete er das Aristotelische Formprinzip als Bewusstsein und Innenseite der Dinge, das sich evolutiv verändernd der materiellen Aussenseite stets eine andere Gestalt gibt.

Damit ist noch nicht geklärt, wer oder was die evolutive Veränderung ermöglicht. Die Antwort fand Teilhard in den Schriften des NT:

„Gott will in Christus als dem Haupte [universales Zentrum] alles vereinigen" (Eph 1,10). Und: „Alles hat in Christus seinen Bestand" (Kol 1,16).

Pierre Teilhard de Chardin (rechts) während einer Expedition in China

Gott wirkt durch Christus. Als der in Gott Auferstandene ist sein Bewusstsein allumfassend und damit seine Form kosmisch-universal Gestalt gebend:

"Die Personalität Christi breitet sich wie ein inneres Licht im Herzen von allem aus, was uns umgibt, und sie ist es, die wir in allem lieben" (Tagebuch, 7. Oktober 1916).

Teilhard hat damit eine frühkirchliche theologische Einsicht wiederentdeckt: Die Zentralgestalt des Kosmischen Christus. Es gibt einen Grundton in allen Dingen, dessen Resonanz hilft, Gegensätze im Hinblick auf eine zukünftige Einheit der Menschen zu überwinden.

Das Studium

Mit diesen Einsichten ist natürlich noch nicht klar, wie denn die materiellen Dinge beschaffen sein müssen, dass ein solch universaler Einfluss möglich ist, und wie sie sich auf dieses Ziel ausrichten lassen. Die Antwort kann nur die wissenschaftliche Beobachtung der Natur geben. So studierte Teilhard ab 1912 an der Sorbonne Naturwissenschaften, die er nach dem Krieg 1921 mit dem Doktorat in Paläontologie* abschloss. Dabei entdeckte er, dass die lebendigen Organismen nicht nur eine sehr komplexe Aussenseite haben, sondern dass sie beseelt werden aus einer Innenseite, wie wir sie aus unserem Bewusstsein kennen.

* Paläontologie: Wissenschaft von den Lebewesen vergangener Erdzeitalter.

Evolutiv in die Vergangenheit verfolgt, muss diese Innenseite analog den gesamten Weltstoff betreffen. Er kann damit den Einfluss eines geistigen Prinzips, wie Christus es ist, in sich aufnehmen und entsprechend sich verändern und auf Einheit hin reagieren.

Teilhard fasste diese Einsichten in der Formel zusammen: Schöpferisch zentrierte Einigung aller Dinge durch evolutive Zunahme der Komplexität und des Bewusstseins.

Forschen und prüfen

Schon während des Krieges, besonders dann aber in seiner beruflichen Tätigkeit als Geologe und Paläontologe, prüfte Teilhard als gewissenhafter Naturforscher diese Formel an der Realität.

Von 1923 – 1946 hielt er sich mit Unterbrüchen in China auf, wo er zunächst im Dienste des Naturhistorischen Museums von Paris und am Aufbau eines Museums der Jesuiten in Tientsin, später als Mitglied des Chinesischen Geologischen Landesamtes in Peking zahlreiche Expeditionen zur Erforschung der Geologie und der Paläontologie Chinas unternahm.

Man muss sich Teilhard vorstellen, wie er z.B. in der Wüste Ordos geologische Formationen untersucht, dabei auf Spuren des altsteinzeitlichen Menschen stösst, sein Umfeld und die Fauna dieser Zeit beschreibt. Dabei gehen seine Gedanken vom Altmenschen zum modernen Menschen der Gegenwart: er sieht das neue Erwachen der Chinesen, vergleicht sie mit den Europäern, die 1939-45 sich wieder in einer kriegerischen Auseinandersetzung befinden, die die ganze Welt in Mitleidenschaft zieht. Dies öffnet ihm den Horizont zur ganzen Erde und in die Zukunft, wo die Anzahl der Menschen in stetem Wachsen begriffen ist, und die Kommunikation dank neuer Erfindungen zunimmt. Er sieht die Konvergenz* der Menschen, die aber friedlich nur gelingen kann, wenn ein übergeordnetes Zentrum gesehen und anerkannt wird, - und das kann nur Christus sein.

„Was ich vermitteln möchte…"

Von China 1946 nach Frankreich zurückgekehrt reiste Teilhard 1951 und 1953 im Auftrag der Wenner Gren-Stiftung nach Südafrika, um die dortigen Ausgrabungen des Australopithecus, einer Affengattung, zu begutachten.

Von 1951 bis zu seinem Tode am 10. April 1955 lebte er in der Jesuitengemeinschaft von New York und arbeitete als Field Adviser der Wenner Gren-Stiftung. Er war auch ein gefragter Redner an zahlreichen internationalen wissenschaftlichen Kongressen.

Bei vielen fand er Zustimmung, andere standen seinen Anschauungen kritisch gegenüber, oder lehnten sie ab:

„Was ich vermitteln möchte, ist nicht eigentlich eine Theorie, ein System, eine Weltanschauung; sondern ein gewisser Geschmack (goût), eine gewisse Wahrnehmung der Schönheit, der Erfahrung, der Einheit des Seins. Ich versuche die ruhige Trunkenheit, die das Bewusstwerden der Tiefen des Weltstoffs in mir bewirkt, in Begriffe einer Theorie zu übersetzen (was ich gerne in Musik täte, wenn ich dazu fähig wäre): aber diese Theorien haben für mich nur eine Geltung durch die Resonanz, die sie in einem Bereich der Seele auslösen, der nicht dem Intellekt zugehört" (Brief an Ida Treat 14.2.1927).

Der Psychiater C.G.Jung würde Teilhard als einen extravertierten Mystiker bezeichnen. Er war wie viele seiner Zeitgenossen auf die Welt ausgerichtet, konnte diese evolutiv deuten, und entgegen allem Zerfall eine Bewegung auf ein Zentrum hin wahrnehmen:

„Die Welt erschafft sich noch immer, und was sich in ihr [gegen Widerstände] vollendet, ist Christus, die Gestalt gebende Seele unserer Welt" (La Vie Cosmique 1916).

* Konvergenz:
Von lat. convergere = zueinander neigen, zielgerichtete Entwicklung in dieselbe Richtung.

Autor: P. Richard Brüchsel SJ. fasste nach ersten Studien an der ETH den Entschluss, Jesuit zu werden; Predigttätigkeit und Erwachsenenbildung auf biblischer Grundlage, ausgerichtet auf das heutige Welbild.

Allgemeine Vorbemerkungen

In der Auslegung der Bibel kommen verschiedene Methoden zur Anwendung. Z.B. die sog. kritisch-historische, die linguistische, die philosophische, die psychologische Methoden und viele andere.

Keine einzelne Methode kann für sich allein die Fülle des Bedeutungspotenzials der biblischen Texte erfassen. Die Methoden ergänzen sich und tragen so zum Verstehen der Bibel bei.

Vor aller Methodenwahl gibt es aber eine grundlegende Definition dessen was die Bibel selbst, als Gegenstand der Lektüre und des Studiums, eigentlich ist.

Die biblischen Texte können gelesen werden:

...als Literatur:

Die Bibel bzw. einzelne Bücher gehören anerkanntermassen zur Weltliteratur, z.B. Genesis, Hiob, Hohelied, Prophet Jona, die Evangelien, 1.Korintherbrief 13, die Offenbarung und viele andere Teile. Die Bibel enthält grossartige literarische Texte, vergleichbar den homerischen Epen, den shakespearschen Dramen, dem Faust, den Erzählungen und Romanen der Moderne.

...als eine der Heiligen Schriften...

...der Menschheit. Die Religionswissenschaft kennt viele sakrale Texte die für die Weltdeutung und die Lebensgestaltung unzähliger Menschen von grösster Bedeutung sind. So gibt es z.B. die Textsammlungen die wir unter den Namen Veden, Upanishaden, Pali-Kanon, Koran usw. kennen. Auch die Bibel als Sammlung von Schriften des Alten und Neuen Testaments gehören religionswissenschaftlich in die Kategorie der heiligen Schriften der Religionen.

...als von Gott wörtlich eingegebener...

... irrtumsloser Text – eigentlich ein Diktat. Diese fundamentalistische Definition dessen, was die Bibel ist, entspricht nicht dem Selbstverständnis der biblischen Texte. Ausserdem ist sie nur um den Preis intellektueller Unredlichkeit aufrecht zu erhalten. Dass ein solches, von anerkanntem Wissen und Erfahrung abspaltendes Verständnis der Bibel überhaupt möglich ist, kann eigentlich nur aus psychologischen Gründen erklärt werden.

...als kerygmatische Grundlage des Glaubens

Die Bibel enthält sehr viele Zeugnisse dessen was Menschen an verschiedenen Orten und Zeiten von Gott gehört haben und das sie als Botschaft (Kerygma) an sie verstanden haben.

EUTE VERSTEHEN

Die Grundbotschaft – nicht ihre zeit- und kontextbedingte Form – ist auch für die späteren Leserinnen und Hörer bis in unsere Zeit von Bedeutung. Wo diese Botschaft gehört und danach gehandelt wird, wird aus einem historisch und geographisch verortbaren Text Wort Gottes. Es ist die wichtigste Aufgabe der Theologie, die Voraussetzungen zu schaffen, dass aus einem gegebenen Text Gottes Wort heraus gehört werden kann.

Dieses Vorverständnis dessen was die Bibel ist, hat manche Berührungspunkte mit dem Umgang, den John Wesley mit der Bibel empfahl und selber praktizierte.

In der Vorrede zu den 53 Lehrpredigten (Seiten 13-16 der deutschen Ausgabe) gibt Wesley Rechenschaft über seine Intentionen und Arbeitsweise des Bibelstudiums im Hinblick auf eine Predigt. Wie im Abschnitt 5 der Vorrede zu entnehmen ist, verbindet Wesley eine rezeptive, meditative Lektüre des Bibeltextes mit einer aktiven kenntnisorientierten Auseinandersetzung mit dem Inhalt und der Botschaft eines Textes der Bibel.

Da es sich bei dieser Arbeit um das Predigen handelt, hat er immer auch seine Zuhörer und ihre Lebenswelt im Auge. Dahin hinein will er die Botschaft des Textes verkündigen.

Dabei ist John Wesley auf der Höhe des Wissens und der grossen Auseinandersetzungen seiner Zeit. Das setzt auch für uns einen Massstab:

Wer die Bibel nicht nur als einen antiquarischen Text lesen will, sondern sie auf ihre Bedeutung für die heutige Zeit und Situation befragen will, muss mit dem heute vorhandenen Wissen und den Erkenntnisbedingungen unserer Zeit kenntnisreich umgehen können.

Die Dimensionen des sog. Quadrilaterals Schrift – Tradition – Vernunft – Erfahrung schaffen dazu die Voraussetzungen. In ihnen lebt das unhintergehbare Erbe der Aufklärung, die Bereitschaft zum Hören und die Gesprächsbereitschaft mit den Menschen und ihrer Lebenswelt.

Literaturempfehlungen zum Thema auf Seite 57

Autor: Claus Dieter Eck. Psychologe und Theologe mit langjähriger Tätigkeit im Bereich der Unternehmensberatung. Bis zur Pensionierung Fachlicher Leiter des Instituts für angewandte Psychologie (IAP) in Zürich.

Das Quadrilateral · eine methodische Hilfe

Neuer Kirchentyp

Die methodistische Kirche ist die letzte grosse Kirchengründung nach der Reformation. Sie entstand im 18. Jahrhundert, einer Epoche die geprägt war durch die Aufklärung, grosse politische Umwälzungen (z.B. Amerikanische Unabhängigkeitserklärung 1776) und durch tiefe soziale Verwerfungen (Industrialisierung).

Vor diesem Hintergrund entstand ein neuer Kirchentyp: Keine nationale-territoriale Identifikation, keine kirchentrennenden (bzw. kirchengründenden) theologischen Lehrdifferenzen.

Dafür aber eine Kirche, die sich vom Evangelium her einmischt: in die gesellschaftlichen Zustände, in Fragen der Gestaltung geschwisterlicher Gemeinschaft der Nachfolger/innen Jesu und in deren zeugnishaften Lebensführung (sog. Heiligung).

Daher halten die methodistischen Kirchen eine gewisse Distanz zu theologisch-kirchlichen Extrempositionen wie z.B. sakrales Amtsverständnis - Prädestinationslehre calvinistischer Prägung (anstelle der kontroversen und problematischen Prädestination tritt bei J. Wesley das Konzept der „vorlaufenden Gnade") – Prinzip „Allein-durch-Glaube" ohne verbindliche konkrete Auswirkungen auf das Leben und Zusammenleben – oder die

Selbsterlösung auf der Basis sog. natürlicher Religion und Sittlichkeit (Deismus).

Der Methodismus kann am besten verstanden werden, wenn man nach der grundlegenden theologischen Arbeitsweise methodistischer Theologie fragt.

Das wesleyanische Quadrilateral

Das hat in Bezug auf John Wesley (1703-1791) v.a. Albert Outler (1964; 1985) in seiner Darstellung des wesleyanischen Quadrilateral versucht (Quadrilateral = Viereck, Geviert).
Wesley selber gebrauchte den Begriff bzw. das Modell des Quadrilateral nicht. Es lässt sich aber aus Wesleys Äusserungen und Notizen ableiten und ist übrigens typisch für den Pragmatismus der englischen Aufklärung, der kein System darstellt, sondern eine Methode.

Auszugehen ist davon, dass Theologie als Denkarbeit, als Kirchenpraxis (Kirchenleitung und Liturgie) und als gelebte Nachfolge Jesu ihre Grundlage hat in der „Auslegung der Heiligen Schrift".
Diese dauernde und eigentlich einzige Aufgabe der Theologie kann aber immer nur geschehen im Rahmen geschichtlicher Prozesse und je gegebener Kontexte.

LS WEG DES VERSTEHENS

Die Kriterien für die dreifache theologische Arbeit und ihre Beurteilung sind in dem sog. Quadrilateral in eine Beziehung zu einander gesetzt.

Das Quadrilateral wird gebildet durch
- einen spannungsvollen Bezug von Bibel (als der uns überlieferten „Schrift")
- Tradition (die lange Geschichte der gelehrten oder zeugnishaften Auslegung der Heiligen Schrift)
- Vernunft (zu der auch die Einsicht gehört, dass es in hohem Mass unvernünftig ist, gesichertes Wissen und Erkenntnisse willentlich zu ignorieren)
- Erfahrung (als persönlich-biographische Evidenz und auch als das andere Menschen überzeugende Zeugnis von einer möglichen anderen Praxis).

Gelebte Auslegung

Die gelebte Auslegung der Heiligen Schrift gelingt nur insoweit, als sie Menschen überzeugt. D.h., die Auslegung, die Theologie muss anschlussfähig sein an die Lebenswelt der Menschen, indem sie als Wahrheit nicht Unterwerfung fordert, sondern Zustimmung findet.
Wider besseres Wissen (Bildung) kann und darf nicht wirklich und psychisch gesund zugestimmt werden. Das ist ein Prozess, der ergebnisoffen ist und dadurch immer wieder anders, neu und überraschend ist. Das wiederum wird möglich durch die Mitwirkung des Heiligen Geistes.

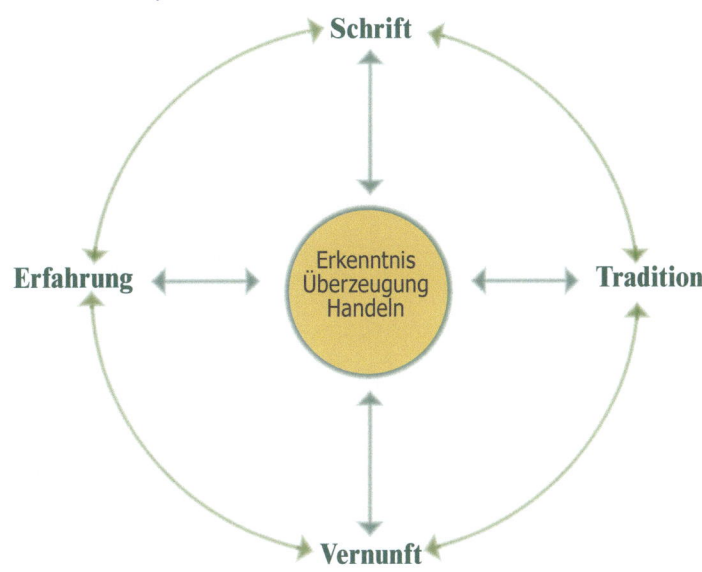

Setzt man die vier Dimensionen des Quadrilaterals in eine Reihe, so stellen sich sofort Fragen der Gewichtung, Priorität und Abfolge der vier Kriterien.

Darum geht es aber nicht. Das wesleyanische Quadrilateral ist eine Meta-Methode. Jedes der vier Kriterien steht unter dem Einfluss der andern Kriterien. In einer nicht genügend reflektierten Tradition der Reformation besteht die Tendenz, spontan die „Schrift" (Bibel, sola scriptura) als „oberstes, letztliches" Kriterium an zu sehen.

Dabei wird aber übersehen, dass jeder Zugang zur „Schrift" (Bibel) immer nur möglich ist im Rahmen einer traditionsgeleiteten, vernünftigen (oder eben unvernünftigen), erfahrungsgesättigten oder erfahrungsfernen Arbeit des Verstehens, an der viele Leserinnen und Leser mit unterschiedlichen Interessen und Voraussetzungen beteiligt waren und sind.

Die wirkliche Relevanz der biblischen und christlichen Kernaussagen erschliesst sich erst dann, wenn wir die Inhalte und Formen des christlichen Glaubens in ihrer Geschichtlichkeit und nicht ausserhalb jeder Geschichtlichkeit wahrnehmen und zu verstehen suchen.

Quadrilateral – wertvolle methodische Hilfe

Mit der Meta-Methode des Quadrilaterals zu arbeiten ergab zu Wesleys Zeiten andere inhaltliche Ergebnisse als heute. Denn die Kontexte und die Wissensvoraussetzungen haben sich geändert und werden sich weiterhin ändern.

Die Zielsetzung bleibt jedoch die gleiche und dafür ist das Quadrilateral damals wie heute eine wertvolle methodische Hilfe. Die Auslegung der Heiligen Schrift ist immer eine Arbeit des Verstehens.

Dazu braucht es Methoden und Meta-Methoden. Das Ziel dieser Verstehensarbeit ist, Erkenntnis, Überzeugung und Handeln kongruent zu machen (vgl. Grafik). Dadurch erhält sie die Chance, nachvollziehbar und glaubwürdig zu sein. Sie stellt auf diese Weise auch vor eine Entscheidung: grundsätzlich zuzustimmen und die Arbeit der Auslegung der Heiligen Schrift auf je eigene Weise fortzusetzen oder grundsätzlich nicht zuzustimmen und einen anderen Weg zu gehen.

Autor: C.D. Eck - mehr zum Autor auf Seite 31

«Wenn ihr die Vernunft verachtet oder herabsetzt, dann meint nicht, damit etwas Gottgefälliges zu tun. Schon gar nicht fördert ihr Gottes Sache, wenn ihr die Vernunft aus dem Glauben heraushalten wollt.»
John Wesley, Anglikanischer Pfarrer und Begründer der methodistischen Bewegung im 18. Jahrhundert.

METAPHERN ENTWICKELN

Zur Entwicklung des Weltbildes und des Verständnisses von Metaphern bei Kindern

In seinem autobiographischen Roman schildert Walter A. Keller, wie er bei Föhnwetter von seiner Vaterstadt Zürich aus den Alpenkranz bestaunte. Von einem Hügel aus sieht man vom Alpstein bis zu den Freiburger Bergen. Manchmal ist dann oberhalb der Berge ein buschiges Wolkenband zu sehen. Es ist der Rand der Regenwolken auf der Südseite der Alpen. Dem Kind wurden die Wolken als „Gottes weissen Mantelsaum" gedeutet. Es stellte sich daher Gott als mächtige Gestalt vor, welche die Berge um das zehn- oder hundertfache überrage. Als Keller dann als Jüngling erkannte, dass es eine einfache meteorologische Erklärung gibt, verlor er seinen Glauben für immer.

Junge Kinder nehmen Metaphern wörtlich

Was ist da schief gelaufen? Kinder können poetische und bildhafte Sprache noch nicht von Beschreibungen konkreter Dinge unterscheiden. Im Kindergartenalter und zum Teil in der Unterstufe nehmen Kinder religiöse Metaphern wörtlich und können den Sinngehalt von Bildern nicht selbstverständlich verstehen. Ob das Wolkenband nun Gottes Mantelsaum oder wie Gottes Mantelsaum ist, ist im Kindergartenalter noch kaum ein Unterschied.

Metapher kommt vom griechischen Wort metaphorá (Übertragung). Das eigentlich Gemeinte wird dabei von einem besser bekannten Begriff aus einem anderen Bedeutungsbereich ersetzt. Das Bekannte wird zum Bild für das schwer zu Beschreibende. Das Bild überträgt das Gemeinte und macht es verständlich, indem es Eindrücke vermittelt und Assoziationen weckt.

Metaphern in allen Lebensbereichen

Metaphern findet man an vielen Orten im Leben. Sie sind unerlässlich, wenn es darum geht, religiöse Wahrnehmungen und Vorstellungen mitzuteilen, die nicht direkt in Worte zu fassen sind.

Die Vorstellungen von Gott sind eng mit dem Weltbild der Kinder verknüpft. Ich habe religiös erzogene Kinder zwischen 5 und 12 Jahren gebeten, ein Bild vom Himmel zu zeichnen und von allem, was es da gibt.

Keines der Kinder zeichnete Gott oder Verstorbene. Die Schulkinder waren sich einig, dass Gott unsichtbar sei und daher nicht darstellbar. Was oder wer ist nun aber Gott und wo ist sein Ort im heutigen Weltbild? Im kirchlichen Unterricht für 10 bis 13-Jährige habe ich einmal die Kinder direkt gefragt: „Ist die Dunkle Energie, welche die Expansion des Universums antreibt, Gott selbst?"

Ein aufgeweckter Knabe kurz vor dem Eintritt ins Gymnasium meinte: „Dunkle Energie spürt man nicht, Gott spürt man. Er ist eher Dunkle Materie."

Die anwesende Pfarrerin warf ein, dass Gott doch grösser als die Erde sei, aber auch grösser als das Universum und vielleicht mehr als die Dunkle Energie.

Das Kind änderte seine Meinung: „Gott ist die Dunkle Energie und Jesus die Dunkle Materie, denn man spürt sie direkt".

Es brauchte noch einige Diskussion, bis wir uns dann einigten, das Wörtchen „wie" zweimal einzu- fügen und aus den Gleichungen Metaphern zu machen: Gott ist WIE Dunkle Energie und Jesus WIE die Dunkle Materie.

Die Bemerkungen der anderen Kinder wurden im Laufe dieses Gesprächs seltener und für einige blieb es dabei: Gott ist der Vater im Himmel.

Gewiss ist die Vorstellung vom Vater im Himmel gut biblisch. Jesus selbst hat sie betont und sie seinen Gegnern entgegengehalten, die Gott zu einem unbarmherzigen Richter machen wollten.

Gewiss war Jesus bewusst, dass sowohl „Vater" wie „Richter" Metaphern für Gott sind. Die Bilder wollten einen bestimmten Aspekt des Göttlichen betonen. Sie waren nicht beliebig, und Jesus hat sie nicht gleich gewichtet.

Die Bibel hat eine sehr bilderreiche Sprache und spricht von Gott auch in weiteren Metaphern:

Feuer (Ex 3,14)
Quelle (Jer 2,13)
König (Ps 47,8)
Fels (Ps 62,8)
Burg (Ps 46,8)
Hirt (Ps 23,1)
Frau (Dtn 32,18 und Num 11,12)
Bogenschütze (Klgl 2,4)
Adler (Dtn 32,11)
Löwen (Hos 5,14), usw.

Es gibt viele Metaphern, weil sich Gott nicht mit einem Bild eindeutig beschreiben lässt. Einige sind Bilder mit Menschengestalt, andere sind unpersönlich, in denen das Göttliche als universelle Kraft oder Energie erscheint. Durch die Vielzahl der Bilder lässt sich das Gemeinte eingrenzen.

Gute Metaphern lösen ein ‚Aha' aus

Metaphern sind nicht richtig oder falsch, aber sie sind nicht gleichwertig. Nicht alle sind gleich geeignet, das Unsagbare zu veranschaulichen. Eine gute Metapher löst ein „Aha" aus: „So ist das!" Einerseits muss das Bild gut bekannt sein, andererseits soll es Eigenschaften haben, die mit dem Gemeinten übereinstimmen.

Metaphern von Gott müssen anklingen lassen, wie Gott wahrgenommen wird.

Was sind diese Wahrnehmungen? Hier muss der Erwachsene von seinen eigenen Erfahrungen oder von biblischen Erzählungen ausgehen.

Religiöse Erfahrungen berichten von Hilfe in der Not, Gebetserhörung, Fügungen im Leben und in der Geschichte einer Gemeinschaft, vom geschenkten Leben, von mystischen Visionen und Offenbarung.

Auch wenn Kinder Gott nicht zeichnen wollen, stellen sich gemäss einer Umfrage (Bucher, 1994) 87% der Kinder im Alter von 7 bis 12 Jahren „menschenartig" und 38% „im Himmel" vor.

Für Yannick (5) ist der Himmel voller Sterne, Sonne, Mond und Engel. Der richtige Himmel ist über dem blauen Himmel unten in der Zeichnung. Vielleicht unter dem Einfluss von Sonntagschule und Elternhaus meinte er, Gott und Jesus könnte er schon zeichnen, aber man dürfe es nicht.

Dies kommt zunehmend in Konflikt mit ihrem Weltbild, das heute durch die Naturwissenschaft, wie
Astronomie und Weltraumfahrt, geprägt ist.

Anthropomorphe* Gottesvorstellungen werden ab
diesem Alter entweder zugunsten symbolischer
Bilder revidiert, mit denen Gott und Welt zusammen
gedacht werden können, obwohl Gott nicht sichtbar
ist. Als Alternative geben jedoch nicht wenige die
Vorstellung eines Gottes gänzlich auf und übernehmen ein atheistisches Weltbild.

*anthropomorph = vermenschlicht

Im eingangs beschriebenen Bild ist der Mantelsaum eine poetische Umschreibung für Wolken. Er war aber offensichtlich keine gute Metapher für Gott.

Dem Kind wurde ein Bild vermittelt, das zwar die Grösse von Gott anspricht, aber zu wenig Gemeinsamkeiten mit dem Gemeinten übertrug, um dem Kind auf eine erfahrbare religiöse Wirklichkeit hinzuweisen.

Die Entwicklung von Metaphern spielt eine entscheidende Rolle in der religiösen Entwicklung. Gemäss einer Erhebung (Hanisch 1995) halten Kinder, die in der ehemaligen DDR mit atheistischem Hintergrund aufwuchsen, im Durchschnitt länger an anthropomorphen Gottesbildern fest und verpassen es häufiger, erwachsenere Vorstellungen von Gott zu entwickeln.

Religiöse Erziehung sollte allgemein das Verständnis von Metaphern fördern und Bilder auswählen, die geeignet sind, auf das Gemeinte hinweisen.

Es ist unerlässlich, Kindern auch neue Bilder von Gott anzubieten und sie auf die Vielfalt und Vorläufigkeit dieser Bilder aufmerksam zu machen.

Autor: Dr. Arnold Benz. Mehr zum Autor auf Seite 17.

«Die Wissenschaft braucht die Mystik nicht und die Mystik nicht die Wissenschaft, aber der Mensch braucht beides.»

Fritjof Capra, Österreichischer Physiker und Philosoph

Zur Zeichnung auf der linken Seite: Im Religionsunterricht in einer Schweizer Schule stellte der Lehrer die Aufgabe, zeichnerisch die Beziehung von Gott und Welt darzustellen. Für einen 14-jährigen Schüler ist Gott nicht mehr menschenartig und in der Ferne, sondern im Zentrum. Von ihm geht Energie aus fürs Leben.
Diese Metapher verbindet Gott mit bestimmten, vielleicht eigenen religiösen Erfahrungen von Hilfe und Kraft und ist daher auch noch im Erwachsenenalter ansprechend.

Evolutionstheorie und christlicher Glaube im gymnasialen Unterricht

Als ich vor einiger Zeit die schriftlichen Maturitäts-prüfungen einer meiner Klassen in Empfang nahm und mit der Bewertung beginnen wollte, las ich auf einem der Antwortbogen folgende Bemerkung: „Hinweis: Ich schreibe, was ich gelernt habe, nicht was ich glaube!". Genaueres Hinsehen zeigte mir, dass die Anmerkung eine Antwort zu einer Frage über die Evolutionstheorie begleitete.

Ich war erstaunt. Der betreffende Schüler war im Unterricht nie durch kritische Fragen oder Einwände aufgefallen. Sein Verhalten könnte aber auf ein tiefer liegendes Problem hinweisen, auf die Tatsa-che, dass auch an unseren schweizerischen Gymna-sien die Anhänger kreationistischer Überzeugungen verbreitet sind, sich im Unterricht aber nicht expo-nieren. Offen zu ihrer Überzeugungen stehend, fallen im Unterricht recht wenige Schülerinnen und Schüler auf. Sie könnten aber die Spitze eines

Eisberges darstellen, der den Erfolg der naturwissenschaftlichen Bildung an unseren Mittelschulen akut gefährdet.

Das Problem liegt darin, dass extreme Kreationisten den biblischen Schöpfungsbericht nach Genesis 1.1 in seinem Wortlaut als alleinige Wahrheit über den Ursprung unseres Seins akzeptieren und jede naturwissenschaftliche Erklärung über die Entstehung und Entwicklung des Weltalls und des Lebens auf der Erde ablehnen.

Eine modifizierte Form dieses Glaubens, Intelligent Design genannt, nimmt an, dass sich viele Eigenschaften der Lebewesen nur durch einen intelligenten Schöpfer, nicht aber durch Zufallsprozesse, erklären lassen. Dies gilt speziell für die Evolution des Menschen, dem eine göttlich beeinflusste Sonderstellung zugesprochen wird.

Gemäß verschiedenen, seriös durchgeführten Umfragen (u.a. Science, Vol. 313, p.765, 2006) dürften in Deutschland und in der Schweiz zwischen 20 und 30 Prozent der Bevölkerung Anhänger kreationistischer Ansichten sein.

Damit lehnt etwa ein Viertel der Bevölkerung in unseren Ländern einen der zentralen Grundpfeiler des naturwissenschaftlichen Weltbildes ab, was zu einer spannungsgeladenen Situation führt, wenn die Anwendungen der Naturwissenschaften in Technik und Medizin zwar im Alltag selbstverständlich genutzt und eingefordert werden, die Basis der ihnen zugrunde liegenden Erkenntnisse aber abgelehnt wird.

Über Fakten der evolutiven Prozesse informieren

Was können Lehrerinnen und Lehrer tun, wenn einzelne Schülerinnen und Schüler im Unterricht ihren Glauben vor die naturwissenschaftlichen Erkenntnisse stellen?

Wer diese Situation während einer Lektion erlebt hat, weiß, wie heikel eine Lehrerreaktion sein kann. Geht es doch darum, nebst einer wissenschaftlich korrekten Antwort dem jungen Menschen in seinem persönlichen Glauben gerecht zu werden und ihn in seinen Überzeugungen nicht zu verletzen.

Es ist deshalb wenig erstaunlich, wenn Lehramtspraktikanten vor dem Unterrichten der Evolutionstheorie zurückschrecken.

«Nichts macht Sinn in der Biologie. Außer im Lichte der Evolution.»
Theodosius Dobzhansky, 1973

Es wäre aber nicht nur aus fachlichen Gründen falsch, diese zentralste Theorie der Biologie aus Rücksichtnahme auf fundamentalistische Gläubige im Unterricht nur zu streifen oder gar zu übergehen. Die Schülerinnen und Schüler haben ein Recht, über die Faktenlage der evolutiven Prozesse informiert zu werden und vor diesem Hintergrund die naturwissenschaftliche Interpretation unserer Herkunft als Teil des modernen Weltbildes verstehen zu lernen.

Beispiele, die den Wandel der Arten über lange Zeiträume hinweg schön belegen, finden sich in jedem modernen Biologielehrbuch für die Sekundarstufe II in großer Anzahl. Von besonderer Überzeugungskraft dürften die auf molekularen Daten beruhenden Vergleiche und Rekonstruktionen sein.

Nach meinen Erfahrungen ist es bei der Vermittlung der Zusammenhänge wichtig, aufzuzeigen, dass in den Mittelschulbüchern meist nur markante Teile einer Argumentationskette dargestellt sind, in der Fachliteratur aber viel detaillierte Belege belegt sind.

Der Unterricht in Evolutionstheorie bietet zudem eine hervorragende Gelegenheit, um den Jugendlichen die wissenschaftliche Arbeitsweise näher zu bringen. Gerade der Aspekt, dass naturwissenschaftliche Theorien Erklärungsversuche für Naturvorgänge darstellen und ständiger Überprüfung

unterworfen sind, die Widerlegung der Evolutionstheorie aber bisher misslungen ist, kann viele den Argumenten offene Menschen von ihrer Aussagekraft überzeugen.

Die Erfahrung zeigt, dass fundamentalistisch eingestellte Schülerinnen und Schüler selbst durch sachlich-argumentierenden Unterricht kaum beeinflusst werden können. Über die Gründe fehlen meines Wissens schlüssige Untersuchungen. Meine Beobachtungen deuten darauf hin, dass schon in der Kindheit eingeprägte Ansichten im Wege stehen können.

Das Hinführen der jungen Menschen zu einem modernen Glaubensbild, welches im Einklang mit den Naturwissenschaften steht, erfordert große Anstrengungen, sowohl von Seiten der christlichen Religionen als auch der Naturwissenschaften.

«Die Vögel singen schöner, als sie nach Darwins Theorie müssten.»

Jürgen Moltmann, Deutscher Theologe

Autor: Dr. Hansjürg Geiger. Ehemals Privatdozent an der Universität Bern, arbeitet als Gymnasiallehrer in Solothurn, Schweiz

TIPPS FÜR DIE PRAXIS

Ideen für die Auseinandersetzung mit dem Thema (mit Jugendlichen und Erwachsenen)

Auf den folgenden Seiten finden Sie Ideen und Abläufe als eine Art ‚Bausteine‘. Sie sollen anregen, wie das Thema mit Jugendlichen, jungen und älteren Erwachsenen und Eltern erlebt und erarbeitet werden kann.

Web-Ablage

Weiterführende oder ausgeführte Texte zu einzelnen Ideen sind in der Web-Ablage dieser Broschüre zu finden.

http://sternenstaub.takano-online.ch Passwort: Staub.Webablage

Die Arbeit mit Kindern, Jugendlichen und jungen Erwachsenen der EMK in der Schweiz (Takano-Fachstelle EMK) ist nach Altersstufen eingeteilt.

Stufe I	Kinder von 0-4 Jahren	Thema: Vertrauen
Stufe II	Kinder von 5-8 Jahren	Thema: Biblische Geschichten
Stufe III	Kinder von 9-11 Jahren	Thema: Bibelkenntnis
Stufe IV	Teens von 12-16 Jahren	Thema: Glaubens- und Lebensfragen
Stufe V	Erwachsene von 17-30 Jahren	Thema: Jüngerschaft + Nachfolge
(Stufe V+	Erwachsene (stufenübergreifend)	Exklusiv und nur in dieser Broschüre)

Autoren: Die „Bausteine" wurden von folgenden Personen erarbeitet:

Stefan Weller, Pfarrer EMK; Takano-Fachpersonen der verschiedenen Stufen: Beat Bachmann, Micha Kunkler, Barbara Morf.

Stufe III – V+

Ausflug ins Weltall

Ein „Ausflug" zu dem, was wir vom Weltall sehen können.

- Dazu Bilder vom Universum zeigen. Bei Youtube finden sich Bildershows mit Aufnahmen des Hubble-Teleskops. Z.B. https://www.youtube.com/watch?v=5T8vGyA_Ows

- Selber eine Bildershow zusammenstellen. Sehr schöne und zahlreiche gut aufgelöste Bilder lassen sich von der Seite der US-Raumfahrtorganisation NASA gratis herunterladen: http://apod.nasa.gov/apod/

- Besuch in einer Sternwarte
  Öffentliche Sternwarten in der Schweiz unter
  http://www.astronomie.ch/obs/

Webablage: Links zu den Bildern

Stufe IV

Wissenschaft contra Schöpfung?

Anregung für ein Rollenspiel in der Schule

Rolle Lehrperson:
„Nach neuesten wissenschaftlichen Erkenntnissen entstand das Weltall vor 13,8 Milliarden Jahren durch den sogenannten Urknall."

Rolle Schüler/Schülerin 1:
„Das glaube ich nicht, Gott hat die Erde geschaffen – vor viel kürzerer Zeit, und zwar in sieben Tagen – so steht es in der Bibel."

Rolle Schüler/Schülerin 2:
„Ach, sei doch ruhig, du bist ja völlig weltfremd."

- Das Gespräch durch Vorschläge aus der Gruppe weiterführen.
  Wenn die Gruppe spielfreudig ist, die Diskussion als Rollenspiel weiterführen.

- Die Diskussion als Improvisationstheater weiterführen: Es wird gespielt, bis eine Zuschauerin/ein Zuschauer in die Hände klatscht. Die Spielenden erstarren. Die Person, die geklatscht hat, nimmt die Rolle einer der drei Spielenden ein und spielt weiter.

FÜR DIE PRAXIS

Stufe III-IV

Übernachtung im Freien

Eine Übernachtung im Freien mit Beobachtung des Sternenhimmels kann zu einem grossen Erlebnis werden.

Mögliche Inputs

- Wissenschaftliche Facts über Grösse und Vielfalt des Universums (z.B. Entfernungen) http://www.kath-akademie-bayern.de/tl_files/Kath_Akademie_Bayern/Veroeffentlichungen/zur_debatte/pdf/2009/2009_03_benz.pdf

- Bibeltext lesen, z.B.: Hiob 38 „Weisst, wie weit die Erde sich erstreckt...? (38,18a)

Fazit

Es gibt zwei verschiedene Wahrnehmungsweisen der einen Wirklichkeit. Diese sind gleichberechtigt und ergänzen einander. Beide können uns zum Staunen bringen.

Webablage: Texte (Hiob-Text in geeigneter Überlieferung, interpretiert von A. Benz)

Stufe IV-V

Aktion „Psalm schreiben"

Die Gruppe teilt sich in Paare auf. Alle erhalten ein Blatt Papier, auf dem sie formulieren, was von Gottes Schöpfung sie zum Staunen bringt.

Die Notizen werden mit den zwei untenstehenden „Rahmensätzen" als Psalmengebet laut gelesen.

„Wir staunen über dich, Gott, Schöpfer der Welt:

....

....

Dein Name sei gepriesen in Ewigkeit. (Amen)"

Stufe IV

Der „heisse Stuhl"

Gespräch mit einer Fachperson

Einladung an einen „Naturwissenschaftler" oder sonstigen Experten der gewünschten Materie, an der Fragestunde teilzunehmen.

Die Jugendlichen überlegen sich im Vorfeld verschiedene Fragen und Themen, über welche sie Bescheid wissen wollen.

Beim Gespräch wird der „Profi" auf den „heissen Stuhl" gesetzt und von den Jugendlichen ausgefragt.

Kontakt für Vermittlung einer Fachperson:
Stefan Weller, Pfarrer EMK

Stufe IV

Was will mir dieser Text sagen?

Einen Text auf seine ‚Absicht' untersuchen

Einen eigenen Text auf seine Absicht untersuchen und die Absicht des biblischen Schöpfungsberichts erkennen.

a. Beschreibe in ein paar Sätzen eine dir wichtige Person.
   Wie und was ist diese Person?

b. Erfrage und verfasse eine naturwissenschaftliche Beschreibung derselben Person.
   Dazu brauchst du Profil-Daten wie Grösse, Augenfarbe, Geschlecht etc. (evtl. ID)

Fazit: Die Absicht des biblischen Schöpfungsberichts ist kein naturwissenschaftlicher.

«Das Universum ist keine Uhr, die ruhig vor sich hin tickt, sondern ein Abenteuer.»
Arnold Benz, Schweizer Astrophysiker

Stufe V

Anspruchsvolle Austauschrunde

Rollenspiel

Diskussionsrunde „pro und contra"
- Zwei Gruppen, welche je eine Meinung/Weltbild vertreten
- Ein Moderator

Einstiegsfragen

- Fühle ich mich in meinem Glauben von wissenschaftlichen Erkenntnissen bedroht?
- Wird Gott durch die immer grössere Erkenntnis der Wissenschaft über die Welt überflüssig?
- Wo prallen mein Gottesbild und die Wissenschaft aufeinander?

Mögliche Fragen

- Wie ist die Welt entstanden?
- Muss man die Bibel wörtlich nehmen?
- Schöpfung oder Evolution?
- Hat die Wissenschaft Gott begraben?

Stufe V-V+

‚Prägungen"

Rollenspiel

Wie können Menschen miteinander ins Gespräch kommen, wenn ihre Meinungen (diametral) auseinander gehen? Wie können sie über ein Konfliktthema wie Glaube und Wissenschaft ins Gespräch kommen, wenn sie einander nicht verstehen? Der folgende Dialog zeigt eine Möglichkeit auf und stellt zwei Menschen mit ganz unterschiedlichen Prägungen vor.

Rolle A, SIE Aufgewachsen in einer Lehrerfamilie, reformiert, aber wenig Bezug zu Kirche und Glaube. Über Freundin in Kontakt mit christlicher Jugendgruppe und zum persönlichen Glauben gekommen. Mit wachsendem Interesse an der Bibel und an der kirchlichen Arbeit schliesslich an ein theologische Hochschule gestossen.

Rolle B, ER Aufgewachsen in tiefgläubiger Familie, wo der Glaube im Zentrum und die Bibel streng als Richtschnur für alle Lebensbereiche angewandt wurde. Nach einer kurzen Glaubenskrise als junger Erwachsener zum persönlichen Glauben zurückgefunden. Verantwortung übernommen in der Kirche und schliesslich an eine theologische Hochschule gestossen.

(Fortsetzung von Seite 47)
Die Situation: nach einer Vorlesung an einer Theologischen Hochschule.

ER Was soll das? Wo bin ich da hingeraten? Wollen die mir den Glauben nehmen?

SIE Was hast du? War doch eine spannende Vorlesung? Ich habe mir schon immer gefragt, wie sich die Texte und Schriften im Alten Testament miteinander vertragen.

ER Was willst du eigentlich? Willst du beweisen, dass die Bibel voller Fehler ist und es Gott nicht möglich sein, soll die Welt in 6 Tagen zu erschaffen? Dann kann ich ja gleich an die Universität gehen und irgendwas studieren.

SIE Beruhige dich und komm mal runter. Wir sind ja erst im ersten Semester. Was hast du denn erwartet? Es geht doch hier nicht darum, dir deinen Glauben an Gott wegzunehmen, sondern Fragen an die Bibel aus wissenschaftlicher und historisch-kritischer Hinsicht zu stellen? Ist das nicht erlaubt?

ER Ich frage mich einfach, wieso wir uns hier an dieser sonst so „frommen" Hochschule mit gläubigen Dozenten und Studenten mit diesen komischen Historikern und ihren eigenartigen Thesen rumschlagen müssen. Ich will das doch gar nicht wissen!

SIE Aber ich schon. Es hilft mir doch auch, die Bibel besser zu verstehen und neue Ansichten kennen zu lernen. So „muss" ich nicht alles wörtlich nehmen. Es gibt verschiedene Interpretationen, wie diese Texte ausgelegt werden können.

ER Du glaubst der Bibel einfach nicht. Wie kannst du die Bibel hinterfragen?

SIE Weil ich nicht an die Bibel glaube sondern an Gott.

ER Schon, aber die Bibel ist Gottes Wort oder glaubst du das etwa auch nicht?

SIE Die Bibel wurde von unterschiedlichen Menschen geschrieben, welche...äh...

ER ...von Gottes Geist inspiriert worden sind?

SIE Genau!

ER Gott sei Dank siehst du das auch so!

SIE Ja und ich darum spricht die Bibel auch heute noch, aber eben...

ER .... ist nicht immer so einfach zu deuten? Puhh...das wird anstrengend!

SIE Da müssen wir durch!

Stufe V-V+

Was hat meinen Glauben geprägt?

Ein Themenabend in Hauskreis/Jugendgruppe/
Kleingruppe

1. Einführung ins Thema

2. Dialog/Rollenspiel ‚Prägungen' (S. 47/48)
• vorlesen oder spielen lassen

3. Persönliche Zeit nehmen mit der Frage:
• Was ist meine Prägung (Elternhaus) in Bezug auf
  Bibel & Glaube?
• Was ist mir seit meiner Kindheit wichtig
  geblieben?
• Wo habe ich selber im Laufe der Zeit neue
  Erkenntnisse gewonnen?

4. Austausch
• Wie würde ich mein Bibelverständnis in einem
  Satz zusammenfassen?
• Was ist mir zentral wichtig an der biblischen
  Botschaft? („essential" *)
• Wie gehe ich mit anderen Bibelverständnissen
  um?
• Wo kann ich andere Haltungen akzeptieren?
  („opinion" *)

* Sacherklärung: essentiel und opinion
In der methodistischen Theologie ist die Unterscheidung von
„essential" (Hauptsache) und „opinion" (Auffassung) üblich,
also von dem, was grundlegend für den christlichen Glauben
steht (Kernthemen) und was in Nebenthemen zu unterschiedlichen Ansichten führen darf.

> « Ich kann mit Zweifel und Ungewissheit leben. Ich
> denke, es ist viel interessanter mit Nichtwissen zu leben
> als Antworten zu haben, die vielleicht falsch sind. »
> Richard Feynman, amerikanischer Physiker

Webablage: Dialog Rollenspiel von Seite 47/48

Stufe V+

Ängste und Sorgen der Eltern

Gestaltung von Themenabenden

Eltern von heranwachsenden Kindern werden durch ihre Kinder mit verschiedenen Inputs konfrontiert, die diese von Schule, Kirche und Freizeitgruppen (z.B. in Lager) mitbekommen haben.

Oft prallen verschiedene Ansichten auf die Kinder/ Jugendlichen ein. Sie können diese oft nicht mit dem, was sie bisher zu Hause gehört haben, in Einklang bringen. Wie können Eltern damit umgehen? Eine Möglichkeit ist der Austausch mit anderen Eltern, z.B. an einem Elternabend der Gemeinde oder in einer Kleingruppe. Es ist wichtig, die Ängste und Sorgen der Eltern ernst zu nehmen. Durch die unterschiedlichen Prägungen der Eltern ist hier jede Mutter und jeder Vater an einem anderen Punkt, was zu Spannungen – in der Kleingruppe und in der Familie - führen kann.

Organisation

Pro Thema übernimmt eine Person oder ein Paar einen Themenkreis oder sucht eine kompetente Person, welche inhaltlich und im Gespräch leiten kann:

• Einführung ins Thema (Facts)
• Beispiele (aktuelle Situationen) aus der Familie
• Austausch, Fragen
• Gebet füreinander, gerade bei Überforderung in der Erziehung

Wichtig: Einander stehen lassen können…

Themenvorschläge

• Schöpfung contra Evolution
• Sexual-Aufklärung: Elternhaus contra Schule
• Erziehungsthemen usw.

Stufe V+

Sieben Sätze über Glaube und Wissenschaft

Input

Die sieben Sätze (Thesen) sind ausgedruckt / aufgeschrieben und sichtbar im Raum aufgehängt.

Sie bilden die Grundlage für ein offenes Gespräch mit der Gruppe.

Webablage: Text der sieben Thesen und Erläuterungen/Erklärungen zu den sieben Thesen.

1. Glaube und Wissenschaft - das muss kein Gegensatz sein.
2. Die Bibel arbeitet mit den Erkenntnissen und Vorstellungen ihrer Zeit.
3. Viele Wissenschaftler glauben selbstverständlich an Gott.
4. Schöpfung geschieht - das Universum hatte einen Anfang, es entwickelt und entfaltet sich weiter.
5. Die Entwicklung des Kosmos führte mit geradezu unglaublicher Präzision zur Entstehung des Lebens auf der Erde.
6. Die Wirksamkeit eines Gottes im Universum lässt sich nicht beweisen, das Gegenteil aber auch nicht.
7. Das Lob Gottes als Schöpfer beginnt mit dem Staunen über seine Wunder.

Stufen: IV – V+

Ein Weihnachtsspiel

Das kleine Verkündigungsstück für fünf Personen (Autor: Stefan Weller) wurde erstmals an Heiligabend 2013 in Wädenswil aufgeführt.
Es lässt anhand der biblischen Weihnachtsgeschichte u.a. deutlich werden, dass naturwissenschaftliche Erkenntnisse der christlichen Botschaft keineswegs im Wege stehen, sondern ihr sogar einen speziellen Glanz verleihen können.

Inhalt

Über der kleinen Stadt Bethlehem taucht ein heller Stern mit Schweif auf. Jonathan, der Pessimist, sieht darin ein Zeichen für den Weltuntergang. Judith, die Aktivistin, vermutet eher Ausserirdische, welche die Erde okkupieren wollen. Die Naturkunde-Lehrperson Frau Mendel versucht beide zu beruhigen:

Es handle sich nur um einen Brocken aus Eis und Gestein – einen Kometen eben. Der habe gar nichts zu bedeuten. Immerhin lockt die Himmelserscheinung alle drei in die Nacht hinaus, wo sie die Schönheit des Kometen bewundern und sich an ihre Kindheit erinnern.
Dabei treffen sie auf einen merkwürdigen Orientalen, der zu ihrer Überraschung meint, die Himmelserscheinung habe doch etwas zu bedeuten – etwas Gutes, ein Zeichen der Hoffnung. Er weise hin auf den neugeborenen König der Juden.
Es ist schliesslich der Hirte Simon, der bei Frau Mendel einst den Schulabschluss nicht geschafft hat, welcher alle auf die richtige Spur bringt. Als sie zum Christuskind in den Stall eintreten, resümiert die Naturkunde-Lehrperson: „Es gibt auch noch eine andere Dimension. Zu der finde ich nur Zugang, wenn ich mich persönlich darauf einlasse und mit meiner ganzen Existenz daran teilnehme."

Bild: Der Komet McNaught im Januar 2007

Webablage: Ganzer Text / Dialog des Krippenspiels + Weblink zum Bild des Kometen McNaught (Januar 2007)

FÜR DIE PRAXIS

Arbeitshilfe Stufe IV für Unterricht und Kleingruppen

Entstehungs-Wahrheiten (er)finden

Entstehungs- und Verschwörungstheorien haben erstaunliche Gemeinsamkeiten. Gut vorgetragen wirken sie stimmig und rund. Beide sind in sich schlüssige Geschichten, die so tatsächlich wahr sein könnten. Hört man jeweils nur eine dieser Erzählungsvarianten für sich alleine, so scheinen alle offenen Fragen geklärt. Natürlich nimmt jede dieser Erzählungen für sich den alleinigen Anspruch, die Wahrheit wiederzugeben. Aber tun sie das wirklich?

Zu diesen Fragen sind 5 Lernsituationen entstanden, die einen Einblick in die geschichtliche Entwicklung unserer Weltbilder gewähren, das Problem der vorgefassten Wahrheiten aufnimmt und einen guten Einblick in unterschiedlichste Entstehungstheorien gibt:

• Von der Idee zur Theorie
• Wahrheit – eine Frage des Blickwinkels
• Hintergrund der Wahrheitsfrage
• Entstehungstheorien
• Wahrheit finden

Herausgeberin: Takano-Fachstelle EMK, 2006
Arbeitsheft inkl. CD (Texte, Vorlagen) zu CHF 39.-
Bezug: takano@emk-schweiz.ch
Tel. +41 62 205 70 00 - emk-takano.ch

Arbeitshilfe Stufe V - V+ (ab 17 Jahren)

„Die Bibel verstehen"

Ein Modul für 4 Wochen aus der Serie „update j." - Jüngerschaftskurs

Ein Kurs mit Einheiten für das persönliche (tägliche) Arbeiten und einem Gruppentreffen für Kleingruppen mit folgenden Wochenthemen:

• Einführung in die Bibel
• Bibelverständnisse
• „Quadrilateral" (Bibel-Tradition-Erfahrung-Vernunft")
• Hilfsmittel zum Bibelstudium

Herausgeberin: Takano-Fachstelle EMK, 2007.
Ausgaben für Leitungsperson oder Teilnehmende:
Mit/ohne Ordner CHF 30.- / CHF 25.-
Bezug: takano@emk-schweiz.ch
Tel. +41 62 205 70 00 - emk-takano.ch

Dialog zwischen Naturwissenschaft und Theologie

Absatz F – Wissenschaft und Technik

Die naturwissenschaftliche Erforschung von Gottes natürlicher Welt halten wir für legitim. Ihren Anspruch, gültige wissenschaftliche Aussagen über die natürliche Welt gemäß ihrer Definition von Wissenschaftlichkeit zu machen, halten wir für berechtigt.
Naturwissenschaften können jedoch ebenso wenig autoritative Aussagen über theologische Themen treffen, wie die Theologie autoritative Aussagen über naturwissenschaftliche Themen.

In den naturwissenschaftlichen Darstellungen der kosmologischen, geologischen und biologischen Evolution sehen wir keinen Widerspruch zur Theologie. Wir halten die medizinischen, technischen und wissenschaftlichen Technologien für einen angemessenen Umgang mit Gottes natürlicher Welt, solange deren Anwendung das menschliche Leben fördert und alle Kinder Gottes in die Lage versetzt, ihr Gott gegebenes schöpferisches Potential zu entwickeln, ohne unsere ethischen Grundsätze zum Verhältnis von Mensch und natürlicher Welt zu verletzen.

Unserem zunehmenden Verständnis von der natürlichen Welt entsprechend unterziehen wir auch unsere ethischen Überzeugungen einer steten Überprüfung.

http://www.emk-kircheundgesellschaft.ch/de/soziale-grundsaetze.html

Wir stellen fest, dass in dem Maß, wie die Naturwissenschaften unser menschliches Verständnis der natürlichen Welt erweitern, wir auch besser das Geheimnis von Gottes Schöpfung und seinem Wort begreifen.

Obwohl wir die große Bedeutung von Naturwissenschaft und Technik anerkennen, halten wir daran fest, dass theologische Deutungen der menschlichen Erfahrung unerlässlich sind, um die Stellung der Menschheit im Universum begreifen zu können. Die Naturwissenschaften und die Theologie ergänzen sich gegenseitig, statt sich auszuschließen.

Deshalb ermuntern wir zum Dialog zwischen allen Naturwissenschaftlerinnen und Naturwissenschaftlern, sowie Theologinnen und Theologen. Wir streben nach einer Form gemeinsamer Beteiligung, welche die Menschheit durch Gottes Gnade in die Lage versetzen wird, das Leben auf der Erde zu erhalten und die Qualität unseres gemeinsamen Lebens zu verbessern.

- BENZ, Arnold: Die Zukunft des Universums. Zufall, Chaos, Gott?Patmos Vlg. Düsseldorf 1997
- BENZ, Arnold: Das geschenkte Universum. Astrophysik und Schöpfung, Patmos Vlg. Düsseldorf 2009
- BENZ, Arnold, VOLLENWEIDER, Samuel: Würfelt Gott? Ein ausserirdisches Gespräch zwischen Physik und Theologie. Düsseldorf, Patmos 2000
- FISCHER, Ernst Peter: Die Verzauberung der Welt. Eine andere Geschichte der Naturwissenschaften, Siedler Vlg. München 2014
- LESCH, Harald, ZAUN, Harald: Die kürzeste Geschichte allen Lebens; eine Reportage über 13,7 Milliarden Jahre Werden und Vergehen. München, Piper 4 2011
- MARATI, Lorenz: Eine Hand voll Sternenstaub. Was das Universum über das Glück des Daseins erzählt. Kreuz-Verlag Stuttgart 2012
- STADELMLANN, Hans Rudolf: Im Herzen der Materie. Glaube im Zeitalter der Naturwissenschaften, Wissenschaftliche Buchgesellschaft, Darmstadt 2004
- THEISSEN, Gerd: Biblischer Glaube in evolutionärer Sicht, Chr. Kaiser München 1984
- Katechetische Blätter. Zeitschrift für Religionsunterricht und Gemeindekatechese 133 (2008) Heft 5: Schöpfung und Evolution
- Kirche und Welt. Zeitschrift der Evangelisch-methodistischen Kirche in der Schweiz, Heft 7/2014

MPFEHLUNGEN

Literaturempfehlungen zum Quadrilateral

- KLAIBER Walter, MARQUARDT, Manfred. Gelebte Gnade. Grundriss einer Theologie der Evangelisch-methodistischen Kirche. Stuttgart, 1993 (insb. S. 73ff. und 426ff.)
- OUTLER, Albert C. 1991: The Wesleyan Quadrilateral – In John Wesley. In: Thomas A. Langford (Hsgb.): Doctrine and Theology in The United Methodist Church. Nashville, S. 75-90
- WESLEY, John, 1986. Die 53 Lehrpredigten (Hsgb.) vom Europäischen Rat der Evangelisch-methodiischen Kirche Stuttgart

Literatur zu Metaphern mit Kindern

- BUCHER, A. A: Was sich 343 Kinder unter Gott vorstellen In: Merz, V.(Hrsg.): Alter Gott für neue Kinder? Das traditionelle Gottesbild und die nachwachsende Generation. Freiburg (Schweiz) 1994,S. 79-100
- FISCHER D. & SCHÖLL A. (Hrsg.): Religiöse Vorstellungen bilden, 2000 - http://cimuenster.de/biblioinfothek/open_access_pdfs/Religioese_Vorstellungen_bilden.pdf
- HAMP, V.: Wie Kinder glauben http://www.vhamp.de/page5/page32/page1676/page1676.html
- HANISCH, H.: Die zeichnerische Entwicklung des Gottesbildes bei Kindern und Jugendlichen. Eine empirische Vergleichsuntersuchung mit religiös und nicht-religiös Erzogenen im Alter von 7 Jahren. Stuttgart 1995. http://www.ku-eichstaett.de/fileadmin/17/P-Meier/Glaubensdidaktik_10_-_Gottesbilder_nach_Hanisch.pdf
- TAMMINEN, Kalevi: Religiöse Entwicklung in Kindheit und Jugend, 1993 - ISBN-13: 978-3631455128
- Das Entwicklungsstufenmodell nach Jean PIAGET. https://www.uni-due.de/edit/lp/kognitiv/piaget.htm

Schöpfung

am anfang vielleicht: stille
jäh dann: urknall geburtsschrei! und myriaden
    ausschwärmender moleküle
hernach: spiralwirbelnde gase sich zu glühroter
    materie verdichtend
und alsbald: explosionen implosionen zusammenprall
    blind rasender gestirne vulkanischer exzesse
vielleicht dann: im orkan der materie die stille
    mitte und in der stillen mitte gottes weisheit
und der erleuchtende blitz
die vision der weisheit: irgendwo im unermesslichen all
    eine oase des lebens wo
    gespräch und liebe erblühen!

allmählich zwang die schwerkraft die gestirne
    in geregelte bahnen
und es fiel das auge der weisheit
    auf den planeten erde

Kurt Marti

(in: „gott gerneklein. gedichte" Radius-Verlag Stuttgart 1995, S. 22)